李叔同精选集

LI SHUTONG JINGXUAN JI

李叔同 / 著

北方联合出版传媒（集团）股份有限公司
万卷出版公司

图书在版编目（CIP）数据

李叔同精选集 / 李叔同著 . -- 沈阳 : 万卷出版公司 , 2015.1（2022.1 重印）
（典藏 / 吴昊主编）
ISBN 978-7-5470-3417-0

Ⅰ . ①李… Ⅱ . ①李… Ⅲ . ①李叔同（1880 ~ 1942）-选集 Ⅳ . ① C52

中国版本图书馆 CIP 数据核字 (2014) 第 265396 号

出版发行：北方联合出版传媒（集团）股份有限公司
万卷出版公司
（地址：沈阳市和平区十一纬路25号 邮编：110003）
印 刷 者：北京一鑫印务有限责任公司
经 销 者：全国新华书店
幅面尺寸：178mm×254mm
字　　数：300千字
印　　张：17
出版时间：2015年1月第1版
印刷时间：2022年1月第2次印刷
责任编辑：张洋洋
封面设计：任展志
版式设计：鄂姿羽
责任校对：高　辉
ISBN 978-7-5470-3417-0
定　　价：65.00元

联系电话：024-23284090
邮购热线：024-23284050
传　　真：024-23284521

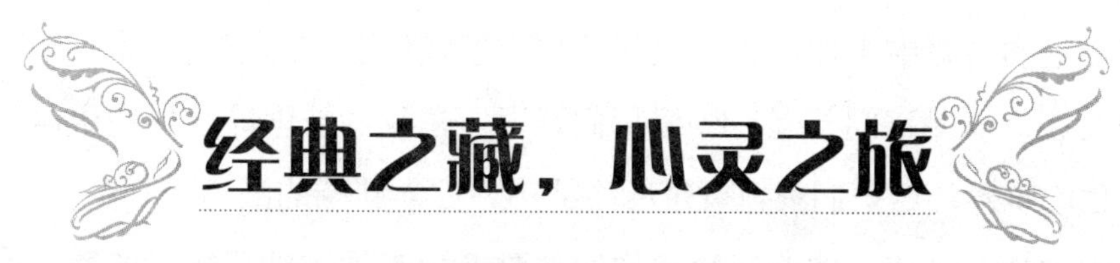

经典之藏，心灵之旅

读书是一件辛苦的事，读书又是一件愉悦的事。读书是求知的理性选择，同时，读书又是人们内在自发的精神需求。不同的读书者总会有不同的读书体验，但对经典之藏，对精品之选的渴求却永远存在。

传统上，读书是求学的手段，千百年来，人类知识的传承，最重要的总是通过书籍的记载与传述。因为有了书，人类才可以文脉延续，薪火相传。西哲说：书籍是人类进步的阶梯，因而，先贤们都把读书当作高尚而庄重的事情，赋予读书神圣、光荣的使命感。故此，韦编三绝、悬梁刺股，以及凿壁、囊萤、映雪等等，就成了刻苦求学的典型，千百年来成为人们效法的楷模。于是，寒门学子挑灯夜读，富家子弟潜心求学，或诚心拜师，或自学成才，诸如此类的事例，就成了激励学子上进求学的传说故事而广泛流传。

书籍除了自身寓含的教化功能外，还能让人感到身心的愉悦和快乐。在文化生活极度匮乏的年代，人们极力去寻找各种承载文明的载体，来填塞文化需求的饥渴。一本残破小书，可以在上百人的手中传递和阅读，看完后仍意犹未尽，不忍释卷。彼时，人们读书如饥似渴，却并无黄金屋、颜如玉一类的功利目的，有的只是内心的精神需求，读书的愉悦与快乐正在于此。仲春季节，读书间隙，推窗而立，鸟语花香扑面而来，内心深处则有禾苗拔节的哔剥之声回响；炎炎夏日，一卷在手，品茗读书，摇扇驱蚊，自然能感受到心灵的清凉和愉悦；秋风瑟瑟，听窗外传来淅淅沥沥的雨声，啜一口酽茶，想起“风声雨声读书声”的名联，便会发出会心的微笑；数九严冬，寒意砭骨，围炉夜读或雪夜捧卷，书香入腹，情暖人心，又能体验到视通万里、思接千载的悠悠遐思。

无论是求学求知还是寻求精神上的愉悦，读书都是我们的一种心灵之旅，是接受自我内心的召唤和灵魂的导引上路，让自己再次起飞得到新生的力量。变换的风景，奇异的遭遇，萍逢的客人，这一切旅途中可能发生的事件，都会在我们读过的书籍中出现，它们强烈地超出了我们已知的范畴，以一种陌生和挑战的姿态，敦促我们警醒，唤起我们好奇。在我们被琐碎磨损的生命里，张扬起绿色的旗帜；在我们刻板疲惫的生活中，注入新鲜的活力。

正因为读书之益，读书之趣，我们才对书籍本身挑剔起来。试想，灵魂之伴侣如何可以等闲视之呢？一本书的好坏，总会有无数人来品评，既有芸芸众者即兴点评，又有专家学者细心解析，然而，书籍最终的裁定者是历史而不是某一种潮流。随着时光的淘汰，留下来的经典之作渐渐走进更多人的视野，留在人们的案头，成为经典之藏。

“典藏”之作正如伴随我们的益友，多闻、博大、精彩而有趣，这样的益友，需要人们用心地品读，细心地筛选，最终把最好的“朋友”留在自己的身边。我们的“典藏”正是帮助读者挑“益友”的一种尝试，希望能把经典的、有价值的或者有趣的书籍放在读者的案头，让它们像朋友一样陪伴每一位读者走上自己的心灵之旅。

当我们打开书本，走进属于自己的心灵世界，自然能够体验那种君临一切的奇特感觉。此时心如止水，宁静安然，恰如室外无言的星月，美文佳句不期而至时，或击案称绝，或吟哦出声，甘之如饴。愿这“典藏”之作能给我们的心灵留下一块绿荫，助大家在自己的漫漫行旅中搭起一座可供休憩的风雨亭，对抗庞大、芜杂、纷繁的外界侵扰。

序 言

弘一法师之出家（代序）

夏丏尊

今年（1939 年）旧历九月二十日，是弘一法师满六十岁诞辰，佛学书局因为我是他的老友，嘱写些文字以为纪念，我就把他出家的经过加以追叙。他是三十九岁那年夏间披剃的，到现在已整整过了二十一年的僧侣生涯。我这里所述的，也都是二十一年前的旧事。

说起来也许会教大家不相信，弘一法师的出家，可以说和我有关，没有我，也许不至于出家。关于这层，弘一法师自己也承认。有一次，记得是他出家二三年后的事，他要到新城掩关去了，杭州知友们在银洞巷虎跑寺下院替他饯行，有白衣，有僧人。斋后，他在座间指了我向大家道：

“我的出家，大半由于这位夏居士的助缘，此恩永不能忘！”

我听了不禁面红耳赤，惭悚无以自容。因为（一）我当时自己尚无信仰，以为出家是不幸的事情，至少是受苦的事情，弘一法师出家以后即修种种苦行，我见了常不忍。（二）他因我之助缘而出家修行去了，我却竖不起肩膀，仍浮沉在醉生梦死的凡俗之中，所以深深地感到对于他的责任，很是难过。

我和弘一法师相识，是在杭州浙江两级师范学校任教的时候。这个学校有一个特别的地方：不轻易更换教职员。我前后担任了十三年，他担任了七年。在这七年中我们晨夕一堂，相处得很好。他比我长六岁，当时我们已是三十左右的人了，少年名士气息，忏除将尽。想在教育上做些实际功夫，我担任舍监职务，兼教修课，时时感觉对于学生感化力不足。他教的是图画、音乐二科，这两种科目，在他未来以前，是学生所忽视的。自他任教以后，就忽然被重视起来，几乎把全校学生的注意力都牵引过去了。课余但闻琴声歌声，假日常见学生出外写生。这原因一半当然是他对于这二科实力充足，一半也由于他的感化力大。只要提起他的名字，全校师生以及工役没有人不起敬的。他的力量，全由诚敬中发出，我只好佩服他，不能学他。举一个实例来说，有一次寄宿舍里学生失少了财物了，大家猜测是某一个学生偷的，检查起来，却没有得到证据。我身为舍监，深觉惭愧苦闷，向他求教。他所指教我的方法，说也怕人——教我自杀！（他）说：

“你肯自杀吗？你若出一张布告，说做贼者速来自首，如三日内无自首者，足见舍监诚信未孚，誓一死以殉教育。果能这样，一定可以感动人，一定会有人来自首——这话须说得诚实，三日后如没有人自首，真非自杀不可。否则便无效力。”

这话在一般人看来是过分之辞，他说来的时候，却是真心的流露，并无虚伪之意，我自愧不能照行，向他笑谢，他当然也不责备我。我们那时颇有些道学气，俨然以教育者自任，一方面又痛感到自己力量不够。可是所想努力的，还是儒家式的修养，至于宗教方面简直毫不关心的。

有一次，我从一本日本的杂志上见到一篇关于断食的文章，说断食是身心“更新”的修养方法，自古宗教上的伟人，如释迦，如耶稣，都曾断过食。断食能使人除旧换新，改去恶德，生出伟大的精神力量。并且还列举实行的方法及应注意的事项，又介绍了一本专讲断食的参考书。我对于这篇文章很有兴味，便和他谈及，他就好奇地向我要了杂志去看。以后我们也常谈到这事，彼此都有“有机会时最好断食来试试”的话，可是并没有做过具体的决定。据说假期中（他）没有回上海，在虎跑寺断食。我问他：“为什么不告诉我？”他笑说：“你是能说不能行的，并且这事预先教别人知道也不好，旁人大惊小怪起来，容易发生波折。”至少在我自己是说过就算了。约莫经过了一年，他竟独自去实行断食了，这是他出家前一年阳历年假的事。他有家眷在上海，平日每月回上海二次，年假暑假当然都回上海的。阳历年假只十天，放假以后我也就回家去了，总以为他仍照例回到上海了的。假满返校，不见到他，过了两星期他才回来。

他的断食共三星期。第一星期逐渐减食至尽，第二星期除水以外完全不食，第三星期起，由粥汤逐渐增加至常量。据说经过很顺利，不但并无痛苦，而且身心反觉轻快，有飘飘欲仙之相。他平日是每日早晨写字的，在断食期间，仍以写字为常课，三星期所写的字，有魏碑，有篆文，有隶书，笔力比平日并不减弱。他说断食时，心比平时灵敏，颇有文思，恐出毛病，终于不敢作文。他断食以后，食量大增，且能吃整块的肉。（平日虽不茹素，不多食肥腻肉类。）自己觉得脱胎换骨过了，用老子“能婴儿乎”之意，改名李婴，依然教课，依然替人写字，并没有什么和前不同的情形。据我知道，这时他只看些宋元人的理学书和道家的书类，佛学尚未谈到。

转瞬阴历年假到了，大家又离校。哪知他不回上海，又到虎跑寺去了。因为他在那里经过三星期，喜其地方清静，所以又到那里去过年。他的皈依三宝，可以说是由这时候开始的。据说，他自虎跑寺断食回来，曾去访过马一浮先生，说虎跑寺如何清静，僧人招待如何殷勤。阴历新年，马先生有一个朋友彭先生，求马先生介绍一个幽静的寓处，马先生忆起弘一法师前几天曾提起虎跑寺，就把这位彭先生陪送到虎跑寺去住。恰好弘一法师正在那里，经马先生之介绍，就认识了这位彭先生。同住了不多几天，到了正月初八日，彭先生忽然发心出家了，由虎跑寺当家为他剃度。弘一法师目击当时的一切，大大感动。可是还不就想出家，仅皈依三宝，拜老和尚了悟法师为皈依师。演音的名，弘一的号，就是那时取定的。假期满后，仍回到学校里来。

从此以后，他茹素了，有念珠了，看佛经，室中供佛像了。宋元理学书偶然仍看，道家书似已疏远。他对我说明一切经过及未来志愿，说出家有种种难处，以后打算暂以居士资格修行，在虎跑寺寄住，暑假后不再担任教师职务。我当时非常难堪，平素所敬爱的这样的好友，将弃我遁入空门去了，不胜寂寞之感。在这七年之中，他想离开杭州一师，有三四次之多。有时是因对于学校当局有不快，有时是因为别处有人来请他。他几次要走，都是经我苦劝而作罢的。甚至于有一个时期，南京高师苦苦求他任课，他已接受聘书了，因我恳留他，他不忍拂我之意，于是杭州南京两处跑，一个月中要坐夜车奔波好几次。他的爱我，可谓已超出寻常友谊之外，眼看这样的好友，因信仰而变化，要离我而去，而信仰上的事，不比寻常名利关系，可以迁就。料想这次恐已无法留得他住，深悔从前不该留他。他若早离开杭州，也许不会遇到这样复杂的因缘的。暑假渐近，我的苦闷也愈加甚，他虽常用佛法好言安慰我，我总熬不住苦闷。有一次，我对他说过这样的一番狂言：

"这样做居士究竟不彻底。索性做了和尚，倒爽快！"

我这话原是愤激之谈，因为心里难过得熬不住了，不觉脱口而出。说出以后，自己也就后悔。他却仍是笑颜对我，毫不介意。

暑假到了。他把一切书籍字画衣服等等，分赠朋友学生及校工们，我所得的是他历年所写的字，他所有的折扇及金表等。自己带到虎跑寺去的，只是些布衣及几件日常用品。我送他出校门，他不许再送了，约期后会，黯然而别。暑假后，我就想去看他，忽然我父亲病了，到半个月以后才到虎跑寺去。相见时我吃了一惊，他已剃去短须，头皮光光，着起海青，赫然是个和尚了！（他）笑说：

"昨天受剃度的。日子很好，恰巧是大势至菩萨生日。"

"不是说暂时做居士，在这里住住修行，不出家的吗？"我问。

“这也是你的意思，你说索性做了和尚……”

我无话可说，心中真是感慨万分，他问过我父亲的病况，留我小坐，说要写一幅字，叫我带回去做他出家的纪念。回进房去写字，半小时后才出来，写的是楞严大势至念佛圆通章（《楞严经·大势至菩萨念佛圆通章》），且加跋语，详记当时因缘，末有“愿他年同生安养共圆种智”的话。临别时我和他约，尽力护法，吃素一年，他含笑点头，念一句“阿弥陀佛”。

自从他出家以后，我已不敢再毁谤佛法，可是对于佛法见闻不多，对于他的出家，最初总由俗人的见地，感到一种责任。以为如果我不苦留他在杭州，如果不提出断食的话头，也许不会有虎跑寺马先生、彭先生等因缘，他不会出家。如果最后我不因惜别而发狂言，他即使要出家，也许不会那么快速。我一向为这责任之感所苦，尤其在见到他作苦修行或听到他有疾病的时候。近几年以来，我因他的督励，也常亲近佛典，略识因缘之不可思议，知道像他那样的人，是于过去无量数劫种了善根的。他的出家，他的弘法度生，都是夙愿使然，而且都是稀有的福德，正应代他欢喜，代众生欢喜，觉得以前的对他不安，对他负责任，不但是自寻烦恼，而且是一种僭妄了。

目 录

第二章
讲禅解佛，参透至善佛缘

第一章

周遭历尽，悟得从容静心之妙

李先生的确做一样像一样：少年时做公子，像个翩翩公子；中年时做名士，像个风流名士；做话剧，像个演员；学油画，像个美术家；学钢琴，像个音乐家；办报刊，像个编者；当教员，像个老师；做和尚，像个高僧。

——俞伯平

李叔同（1880—1942），名文涛，字叔同，出家后法号弘一，人称弘一法师。正像俞伯平评价的那样，李叔同的一生“扮演”过很多角色，只不过每一次的“演绎”都是他最本真的自我。

李叔同祖籍浙江，生长在天津，本是一个富贵之家的贵公子。他的父亲李世珍是同治四年（1865年）乙丑科的进士，与李鸿章、吴汝纶为会试同年，曾任吏部主事，不久后辞官经商，以经营盐业为主，号称津门巨贾。

李叔同的母亲是李世珍的五姨太，他虽然是庶出，但自小就过着衣食无忧的日子，并得到了良好的传统教育，在二哥文熙的启蒙下遍习儒家经典，加之天资聪颖，李叔同年少时就展露出才子的风华：7岁时，诵读

《文选》朗朗而出；16岁时，考入名流云集的辅仁书院；19岁时，加入文学团体城南文社，以《拟宋玉小言赋》名列文社月会第一。

20岁出头的李叔同，便已经与当时名流结为“天涯五友”，出版诗集、歌集、印谱，创办书画公会，翻译西方法学名典，并考入当时上海最先进的南洋公学师从蔡元培。李叔同的文章在上海最著名的文人团体沪学会中屡屡列为第一，从此被名士闻人所青睐，以“才子”之名蜚声上海滩。

后来，李叔同东渡日本，学习西洋画、音乐、戏剧，并将所学带回中国，创办文艺报刊杂志，或担任主笔、编辑等，甚至将文艺融入爱国救亡的社会活动中，最终成为中国油画先驱者、引入西方音律第一人、中国话剧奠基人。更难能可贵的是，他的才华并不独家私藏，而是奉献给后来人，怀揣“以美淑世”“经世致用”的教育救国理想，先后培养出画家丰子恺、音乐家刘质平等文化名人，丰子恺曾给予其“爸爸的教育”这一高度评价。

然而，谁会想到一个如此风华卓著的人竟在刹那间醍醐灌顶，了却尘缘。李叔同究竟为何要出家？他已经“扮演”了那么多角色，而且各个光彩夺目，为何周遭历尽，偏偏选择“僧侣”来终了？令他人艳羡无比的人生，在他自己心中又是怎样的滋味呢？一入空门，他的佛心安置在哪里，又如何看待曾经的过往呢？

本章集结了李叔同的一系列自述性文章，有其对红尘的反思，有其对空门的感悟。希望读者们能够从中找到上述问题的答案，也能够从中观照自己的人生，找到令自己收获幸福的答案。

初到世间的慨叹

在清朝光绪年间天津河东有一个地藏庵，庵前有一户人家。这是一座四进四出的进士宅邸，它的主人是一位官商，名字叫李世珍。曾是同治年间的进士，官任吏部主事，也因乎此使李家在当地的声名更加显赫了。但是，他为官不久，便辞官返乡了，开始经商。在晚年的时候，他虔诚拜佛，为人宽厚，乐善好施，被人称为“李善人”。而这就是我的父亲。

我是光绪六年（1880 年），在这个平和良善的家庭中出生的。生我时，我的母亲只有二十岁，而我父亲已近六十八岁了。这是因为我是父亲的小妾生的，也正是如此，虽然父亲很疼爱我，但是在那时的官宦人家，妾的地位很卑微，我作为庶子，身份也就无法与我的同父异母的哥哥相比。从小就感受到这种不公平待遇给我带来的压抑感，然而只能是忍受着，也许这就为我今后出家埋下了伏笔。

在我五岁那年，父亲因病去世了。没有了父亲的庇护，我与母亲的处境很是困难，看着母亲一天到晚低眉顺眼、谨小慎微地度日，我的内心感到很难受，也使我产生了自卑的倾向。我养成了沉默寡言的内向性格，终日里与书做伴，与画为伍。只有在书画的世界里，我才能找到快乐和自由！

听我母亲后来跟我讲：在我降生的时候，有一只喜鹊叼着一根橄榄枝放在了产房的窗上，所有人都认为这是佛赐祥瑞。而我后来也一直将这根橄榄枝带在身边，并时常对着它祈祷。由于我的父亲对佛教的诚信，使我在很小的时候，就有机会接触到佛教经典，受到佛法的熏陶。我小时候刚开始识字，就跟着我的大娘，也就是我父亲的妻子，学习念诵《大悲咒》和《往生咒》。而我的嫂子也经常教我背诵《心经》和《金刚经》等。虽然那时我根本就不明白这些佛经的含义，也无从知晓它们的教理，但是我很喜欢念经时那种空灵的感受。也只有在这时我能感受到平等和安详！而我想这也许成为我今后出家的引路标。

我小时候，大约是六七岁的样子，就跟着我的哥哥文熙开始读书识字，并学习各种待人接物的礼仪，那时我哥哥已经二十岁了。由于我们家是书香门第，又是当地数一数二的官商世家，所以一直就沿袭着严格的教育理念。因此，我哥哥对我方方面面的功课，都督教得异常严格，稍有错误必加以严惩。我自小就在这样严厉的环境中长大，这使我从小就没有了小孩子应有的天真活泼，也疑我的天性也遭到了压抑而导致有些扭曲。但是有一点不得不承认，那就是这种严格施教，对于我后来所养成的严谨认真的学习习惯和生活作风是起了决定作用的，而我后来的一切成就几乎都是得益于此，也由此我真心地感激我的哥哥。

当我长到八九岁时，就拜在常云政先生门下，成为他的入室弟子，开始攻读各种经史子集，并开始学习书法、金石等技艺。在我十三岁那年，天津的名士赵幼梅[①]先生和唐静岩[②]先生开始教我填词和书法，使我在诗词书画方面得到了很大的提高，功力也较以前深厚了。为了考取功名，我对八股文下了很大的功夫，也因此得以在天津县学加以训练。在我十六岁的时候，我有了自己的思想，因过去所受的压抑而造成的“反叛”倾向也开始抬头了。我开始对过去刻苦学习是为了报国济世的思想不那么热衷了，却对文艺产生了浓厚的兴趣，尤其是戏曲，也因此成了一个不折不扣的票友。在此期间，我结识过一个叫杨翠喜[③]的

①赵幼梅（1868—1939），名元礼，字幼梅，号“藏斋”，近代诗人，天津“四大书法家”之一。

②唐静岩（1823—1898），名毓厚，字静岩，浙江人，久居天津，以医术著称，在书画金石方面造诣非凡，犹善山水、篆隶。

③杨翠喜，生卒不详，本姓陈，幼年家贫被卖给杨姓的乐户，取名杨翠喜，后以此名出入风尘，成为清末至民国初的名妓。相传，李叔同年轻时曾对她有一番深情，写过两首《菩萨蛮》以诉衷肠，详见本书第四章。然而，红颜多薄命，杨翠喜以关键人物的身份被卷入轰动一时的政治事件“丁未大参案”，成为政治牺牲品。

艺人，我经常去听她唱戏，并送她回家，只可惜后来她被官家包养，后来又嫁给一个商人做了妾。

由此后我也有些惆怅，而那时我哥哥已经是天津一位有名的中医大师了，但是有一点我很不喜欢，就是他为人比较势利，攀权倚贵，嫌贫爱富。我曾经把我的看法向他说起，他不接受，并指责我有辱祖训，不务正业。无法，我只有与其背道而驰了，从行动上表示我的不满，对贫贱低微的人我礼敬有加，对富贵高傲的人我不理不睬；对小动物我关怀备至，对人我却不冷不热。在别人眼里我成为了一个怪人，不可理喻，不过对此我倒是无所谓的。这可能是我日后看破红尘出家为僧的决定因素！

遇见精神的出生地

我一生中的大部分岁月都是在南方度过的，这其中，杭州是我人生道路发生重大转变的地方。作为一名高校的艺术教师，我在浙一师的六年执教生涯中业绩斐然，作为一个诸艺略通的人，那段时期也该算我艺术创作的一个鼎盛期吧；然而更重要的是，在杭州，我找到了自己精神上的归宿，最终步入了佛门。

一九一二年三月，我接受浙江两级师范学堂（次年更名为浙江第一师范学校）教务长经亨颐[①]的邀请，来该校任教。我之所以决定辞去此前在上海《太平洋报》极为出色的主编工作，除了经亨颐的热情邀请之外，西湖的美景也是一个重要的原因。经亨颐就曾说："我本性淡泊，辞去他处厚聘，乐居于杭，一半勾留是西湖。"

我那时已人到中年，而且渐渐厌倦了浮华声色，内心渴望一份安宁和平静，生活方式也渐渐变得内敛起来。我早在《太平洋报》任职期间，平日里便喜欢离群索居，几乎是足不出户。而在这之前，无论是在我的出生和成长之地

①经亨颐（1877—1938），字子渊，我国近代教育家，书画家，辛亥革命后浙江官立两级师范学堂任校长。五四运动时期，他鼓励支持爱国民主斗争，倡导新文化运动，大胆改革教育。后因旧势力排挤而离职。

天津，还是在我“二十文章惊海内”[①]的上海，抑或是在我渡洋留学以专攻艺术的日本东京，我一直都生活在风华旋裹的氛围之中，随着这种心境的转变，到杭州来工作和生活，便成了一个再合适不过的选择。

一九一八年八月十九日，农历七月十三，相传是大势至菩萨[②]的圣诞，我便于这一天在虎跑寺[③]正式剃发出家了，法名演音，号弘一。

到了九月下旬，我移锡灵隐[④]受戒。正是在受戒期间，我辗转披读了马一孚[⑤]送我的两本佛门律学典籍，分别是明清之际的二位高僧蕅益智旭与见月宝华所著的《灵峰毗尼事义集要》和《宝华传戒正范》，不禁悲欣交集，发愿要让其时弛废已久的佛门律学重光于世。可以说，我后来的一切事物就是从事对佛教律学的研究，如果说因此取得了一点儿成绩，也正是此开始起步的。

对于我的出家，历来众说纷纭，莫衷一是。其实，我为此写过一篇《我在西湖出家的经过》，对于自己出家的缘由与经过做了详细的介绍，无论如何，这在我看来，佛教为世人提供了一条对医治生命无常这一人生根本苦痛的道路，这使我觉得，没有比依佛法修行更为积极和更有意义的人生之路。当人们试图寻找各种各样的原因来解释我走向佛教的原因之时，不要忘记，最重要的原因其实正是来自于佛教本身。就我皈依佛教而言，杭州可以说是我精神上的出生地。

---

①此句出自李叔同的词《金缕曲》，详见本书第四章。李叔同年少时便才华横溢，十九岁便加入了城南文社，他第一次参加文社的活动便获得了小课拟小言赋的第一名。

②大势至菩萨为西方极乐世界无上尊佛的右胁侍者，又尊称“大精进菩萨”，与无上尊佛、观世音菩萨合尊称为“西方三圣”。

③虎跑寺原称大慈定慧禅寺，位于西湖西南，唐代高僧性空建寺定居，曾在寺内水源短缺时梦见两只老虎跑到翠岩做洞穴，即刻有泉水涌出，于是该寺得名“虎跑”。宋朝高僧济公在此圆寂。

④移锡，指僧人移换寺庙。灵隐，指西湖旁的千年古刹灵隐寺。

⑤马一孚（1883—1967），名福田，字一孚，著名国学大师、一代儒宗、诗人、书法家，一生著述宏富，有“儒释哲一代宗师”之称。周恩来总理曾称他是“我国当代理学大师”。他是中国引进《资本论》的第一人。

我在西湖出家的经过

杭州这个地方，实堪称佛地，因为那边寺庙之多，约有两千所，可想见杭州佛法之盛了！

最近“越风社”要出关于“西湖”的增刊，由黄居士来函，要我做一篇《西湖与佛教之因缘》，[①]我觉得这个题目的范围太广泛了，而且又无参考书在手，于短期间内是不能做成的。所以，现在就将我从前在西湖居住时，把那些值得追味的几件零碎事情来说一说，也算是纪念我出家的经过。

我第一次到杭州是光绪二十八年（1902 年）七月[②]。在杭州住了约莫一个月光景，但是并没有到寺院里去过。只记得有一次到涌金门外去吃过一回茶而已，同时也就把西湖的风景稍微看了一下子。

第二次到杭州时，那是民国元年（1912 年）的七月里。这回到杭州倒住得很久，一直住了近十年，可以说是很久的了。我的住处在钱塘门内，离西湖很近，只两里路光景。在钱塘门外，靠西湖边有一所小茶馆，名景春园。我常常一个人出门，独自到景春园的楼上去吃茶。民国初年的时候，西湖那边的情形，完

①《越风》杂志于 1935 年 10 月在杭州创刊，以介绍文化掌故为主，其第一期增刊《西湖》登载了本文。文中提到的黄居士，为该杂志主编黄萍荪。

②本篇提到的月份均为农历。

全与现在两样——那时候还有城墙及很多柳树，都是很好看的。除了春秋两季的香会之外，西湖边的人总是很少，而钱塘门外更是冷静了。

在景春园楼下，有许多茶客，都是那些摇船抬轿的劳动者居多。而在楼上吃茶的就只有我一个人了。所以，我常常一个人在上面吃茶，同时还凭栏看看西湖的风景。

在茶馆的附近，就是那有名的大寺院——昭庆寺了。我吃茶之后，也常常顺便到那里去看一看。

民国二年（1913 年）夏天的时候，我曾在西湖的广化寺里住了好几天。但是住的地方却不在出家人的范围之内，那是在该寺的旁边，有一所叫作痘神祠的楼上。痘神祠是广化寺专门为着要给那些在家的客人住的。我住在里面的时候，有时也曾到出家人所住的地方去看看，心里却感觉很有意思呢！

记得那时我亦常常坐船到湖心亭去吃茶。

曾有一次，学校里有一位名人来演讲，我和夏丏尊①居士两人，却出门躲避而到湖心亭上去吃茶呢！当时夏丏尊对我说："像我们这种人，出家做和尚倒是很好的。"我听到这句话，就觉得很有意思。这可以说是我后来出家的一个远因了。

到了民国五年（1916 年）的夏天，我因为看到日本杂志中有说及关于断食方法的，谓断食可以治疗各种疾病，当时我就起了一种好奇心，想来断食一下。因为我那时患有神经衰弱症，若实行断食后，或者可以痊愈亦未可知。要行断食时，须于寒冷的季候方宜。所以，我便预定十一月来做断食的时间。

至于断食的地点呢？总须先想一想，考虑一下，似觉总要有个很幽静的地方才好。当时我就和西泠印社的叶品三君②来商量，结果他说在西湖附近的地方，有一所虎跑寺，可作为断食的地点。那么，我就问他："既要到虎跑寺去，总要有人来介绍才对。究竟要请谁呢？"他说："有一位丁辅之③是虎跑的大护法，可以请他去说一说。"于是他便写信请丁辅之代为介绍了。因为从前的虎跑不像现在这样热闹，而是游客很少，且是个十分冷静的地方啊。若用来作为我断食

①夏丏尊（1886—1946），名铸，字勉旃，后改字丏（读"勉"）尊，我国著名文学家、语文学家，是李叔同的挚友。

②叶品三（1866—1948），名为铭，字品三，近代金石家，善刻石、拓碑，精金石考据，西泠印社创始人之一。

③丁辅之（1879—1949），原名仁友，后改名仁，字辅之，近代篆刻家、书画家。西泠印社创始人之一。

的地点，可以说是最相宜的了。

到了十一月的时候，我还不曾亲自到过。于是我便托人到虎跑寺那边去走一趟，看看在哪一间房里住好。看的人回来后说，在方丈楼下的地方倒很幽静，因为那边的房子很多，且平常时候都是关起来，游客是不能走进去的。而在方丈楼上，则只有一位出家人住着而已，此外并没有什么人居住。

等到十一月底，我到了虎跑寺，就住在方丈楼下的那间屋子里。我住进去以后，常看见一位出家人在我的窗前经过（即是住在楼上的那一位）。我看到他却十分的欢喜呢！因此，就时常和他谈话，同时，他也拿佛经来给我看。

我以前从五岁时，即时常和出家人见面，时常看见出家人到我的家里念经及拜忏。于十二三岁时，也曾学了放焰口。可是并没有和有道德的出家人住在一起，同时，也不知道寺院中的内容是怎样的，以及出家人的生活又是如何。这回到虎跑去住，看到他们那种生活，却很欢喜而且羡慕起来了。

我虽然只住了半个多月，但心里却十分地愉快，而且对于他们所吃的菜蔬，更是欢喜吃。及回到学校以后，我就请佣人依照他们那样的菜煮来吃。

这一次我到虎跑寺去断食，可以说是我出家的近因了。到了民国六年（1917年）的下半年，我就发心吃素了。

在冬天的时候，我即请了许多的经，如《普贤行愿品》《楞严经》及《大乘起信论》等很多的佛经。而于自己的房里，也供起佛像来，如地藏菩萨、观世音菩萨等的像。于是亦天天烧香了。

到了这一年放年假的时候，我并没有回家去，而到虎跑寺里面去过年。我仍住在方丈楼下。那个时候，则更感觉得有兴味了。于是就发心出家，同时就想拜那位住在方丈楼上的出家人做师父。他的名字是弘详师，可是他不肯我去拜他，而介绍我拜他的师父。他的师父是在松木场护国寺里居住的。于是他就请他的师父回到虎跑寺来，而我也就于民国七年（1918年）正月十五日受三皈依了。

我打算于此年的暑假入山。预先在寺里住了一年后再实行出家的。当这个时候，我就做了一件海青①，及学习两堂功课。二月初五日那天，是我母亲的忌日，于是我就先于两天前到虎跑去，诵了三天的《地藏经》，为我的母亲回向。到了

①海清是我国佛门僧俗二众礼佛时所穿的衣服，宽袍大袖，穿着自在。

五月底，我就提前先考试。考试之后，即到虎跑寺入山了。到了寺中一日以后，即穿出家人的衣裳，而预备转年再剃度。及至七月初，夏丏尊居士来，他看到我穿出家人的衣裳但还未出家，他就对我说："既住在寺里面，并且穿了出家人的衣裳，而不出家，那是没有什么意思的。所以还是赶紧剃度好！"

我本来是想转年再出家的，但是承他的劝，于是就赶紧出家了。七月十三日那一天，相传是大势至菩萨的圣诞，所以就在那天落发。

落发以后仍须受戒的，于是由林同庄君[①]介绍，到灵隐寺去受戒了。

灵隐寺是杭州规模最大的寺院，我一向是很欢喜的。我出家以后，曾到各处的大寺院看过，但是总没有像灵隐寺那么好！八月底，我就到灵隐寺去，寺中的方丈和尚很客气，叫我住在客堂后面芸香阁的楼上。

当时是由慧明法师做大师父的。有一天，我在客堂里遇到这位法师了，他看到我时，就说："既是来受戒的，为什么不进戒堂呢？虽然你在家的时候是读书人，但是读书人就能这样地随便吗？就是在家时是一个皇帝，我也是一样看待的！"那时方丈和尚仍是要我住在客堂楼上，而于戒堂里有了紧要的佛事时，方命去参加一两回的。

那时候，我虽然不能和慧明法师时常见面，但是看到他那样的忠厚笃实，却是令我佩服不已的！

受戒以后，我就住在虎跑寺内。到了十二月底，即搬到玉泉寺去住。此后即常常到别处去，没有久住在西湖了。

---

①林同庄（1880—1936），温州人，水利专家，李叔同在南洋公学时的同学。

断食日记[①]

丙辰嘉平一日始。断食后，易名欣，字俶同，黄昏老人，李息。十一月廿二日，决定断食。祷诸大神之前，神诏断食，故决定之。

择录村井氏说：妻之经验。最初四日，预备半断食。六月五日、六日，粥，梅干。七日、八日，重汤，梅干。九日始断食，安静。饮用水一日五合，一回一合，分五六回服用。第二日，饥饿胸烧，舌生白苔。第三、四日，肩腕痛。第四日，腹部全体凝固，体倦就床，晨轻晚重。第五日，同，稍轻减，坐起一度散步。第六日，轻减，气氛爽快，白苔消失，胸烧愈。第七日，晨平稳，断食期至此止。

后一日，摄重汤，轻二碗三回，梅干无味。后二日，同。后三日，粥，梅干，胡瓜，实入吸物[②]。后四日，粥，吸物，少量刺身。后五日，粥，野菜，轻鱼。

---

①本篇为日记合辑，是弘一法师在出家前两年于杭州大慈山虎跑寺试验断食时所记下的。原文断续，有的字迹模糊，还有的词为日语。当时为民国五年（1917年），弘一法师37岁，他断食共20天。断食是灵修锻炼的一种，分为完全断食法、不完全断食法和减食法，不同阶段的人体表现不同。最好在专业人士的指导下进行，盲目断食会损害健康。

②即汤食。

后六日，普通食，起床，此两三日，手足浮肿。

断食期内，或体痛不能眠，或下利，或嚏。便时以不下床为宜。预备断食或一周间，粥三日，重汤四日。断食后或须一周间，重汤三日，粥四日，个半月体量恢复。半断食时服ゾチネ[①]。

到虎跑寺携带品：被褥帐枕，米，梅干，杨子[②]，齿磨[③]，手巾手帕，便器，衣，漉水布，ゾチネ日记纸笔书，番茶，镜。

预定期间：一日下午赴虎跑寺。上午闻玉去预备。中食饭，晚食粥，梅干。二日、三日、四日，粥，梅干。五日、六日、七日，重汤，梅干。八日至十七日断食。十八日、十九日、廿日，重汤，梅干。廿一日、廿二日、廿三日、廿四日，粥，梅干，轻菜食。廿五日返校，常食。廿八日返沪。

卅日晨，命闻玉携蚊帐，米，纸，糊，用具到虎跑。室宜清闲，无人迹，无人声，面南，日光遮北，以楼为宜。是晚食饭，拂拭大小便器、桌椅。

午后四时半入山，晚餐素菜六簋[④]，极鲜美。食饭二盂，尚未餍，因明日始即预备断食，强止之。榻于客堂楼下，室面南，设榻于西隅，可以迎朝阳。闻玉设榻于后一小室，仅隔一板壁，故呼应便捷。晚燃菜油灯，作楷八十四字。自数日前病感冒，伤风微嗽，今日仍未愈。口干鼻塞，喉紧声哑，但精神如常。八时眠，夜间因楼上僧人足声时作，未能安眠。

十二月一日，晴，微风，五十度。断食前期第一日。疾稍愈，七时半起床。是日午十一时食粥二盂，紫苏叶二片，豆腐三小方。晚五时食粥二盂，紫苏叶二片，梅一枚。饮冷水三杯，有时混杏仁露，食小橘五枚。午后到寺外运动。

余平日之常课，为晨起冷水擦身，日光浴，眠前热水洗足。自今日起冷水擦身暂停，日光浴时间减短，洗足之热水改为温水，因欲使精神聚定，力避冷热极端之刺激也。对于后人断食者，应注意如下：

一、未断食时练习多食冷开水。断食初期改食冷生水，渐次加多。因断食时日饮五杯冷水殊不易，且恐腹泻也。

二、断食初期时之粥或米汤，于微温时食之，不可太热。因与冷水混合，

---

①疑为一种西药名，具体不详。

②日语，即牙刷。

③日语，即牙膏。

④音癸，盛食物的圆形器具。

恐致腹痛。

余每晨起后，必通大便一次。今晨如常，但十时后屡放屁不止。二时后又打嗝儿甚多，此为平日所无。是日书楷字百六十八，篆字百零八。夜观焰口，至九时始眠。夜微嗽多噩梦，未能入眠。

二日，晴和，五十度。断食前期第二日。七时半起床，晨起无大便。是日午前十一时食粥一盂，梅一枚，紫苏叶二片。午后五时同。饮冷水三杯，食橘子三枚，因运动归来体倦故。是日舌苔白，口内黏滞，上牙里皮脱。精神如常，但过则疲□□[①]。运动微觉疲倦，头目眩晕。自明日始即不运动。

晚侍和尚念佛，静坐一小时。写字百三十二，是日鼻塞。摹大同造像一幅，原拓本自和尚假来，尚有三幅明后续□□[②]。八时半眠，夜梦为升高跳跃运动。其处为器具拍卖场，陈设箱柜几椅并玩具装饰品等。余跳跃于上，或腾空飞行于其间，足不履地，灵捷异常，获优胜之名誉。旁观有德国工程师二人，皆能操北京语。一人谓有如此之技能，可以任远东大运动会之某种运动，必获优胜，余逊谢之。一人谓练习身体，断食最有效，吾二人已二日不食。余即告余现在虎跑断食，亦已预备二日矣。其旁又有一中国人，持一表，旁写题目，中并列长短之直红线数十条，如计算增减高低之表式，是记余跳跃高低之顺序者。是人持以示余，谓某处由低而高而低之处，最不易跳跃，赞余有超人之绝技。后余出门下土坡，屡遇西洋妇人，皆与余为礼，贺余运动之成功，余笑谢之。梦至此遂醒。余生平未尝为一次运动，亦未尝梦中运动，头脑中久无此思想，忽得此梦，至为可异，殆因胃内虚空有以致之欤?

三日，晴和，五十二度。断食前第三日。七时半起床。是晨觉饥饿，胸中搅乱，苦闷异常，口干饮冷水。勉坐起披衣，头昏心乱，发虚汗作呕，力不能支，仍和衣卧少时。饮梅茶二杯，乃起床，精神疲惫，四肢无力。九时后精神稍复原，食橘子二枚。是晨无大便，饮药油一剂，十时半软便一次，甚畅快。十一时水泻一次，精神颇佳，与平常无大异。十一时二十分食粥半盂，梅一个，紫苏一枚。摹普泰造像、天监造像二页。饮水、食物，喉痛，或因泉水性太烈，使喉内脱皮之故。午后四时，饮水后打嗝儿笃，食小梨一个，五时食粥半盂。是日感冒伤风已愈，但有时微嗽。是日午后及晚，侍和

①原文缺字，推测为“倦耳”。

②原文缺字，推测为“摹写”。

尚念佛静坐一小时。八时半眠。入山预断以来，即不能为长时之安眠，旋睡旋醒，辗转反侧。

四日，晴和，五十三度。断食前第四日。七时半起床。是晨气闷心跳口渴，但较昨晨则轻减多矣，饮冷水稍愈。起床后头微晕，四肢乏力。食小橘一枚，香蕉半个。八时半精神如常，上楼访弘声上人，借佛经三部。午后散步至山门，归来已觉微疲。是日打嗝儿甚多，口时作渴，一共饮冷水四大杯。摹大明造像一页。写楷字八十四，篆字五十四。无大便。四时后头昏，精神稍减，食小橘二枚。是日十一时饮米汤二盂，食米粒二十余。八时就床，就床前食香蕉半个。自预备断食，每夜三时后腿痛，手足麻木。（余前每逢严冬有此旧疾，但不甚剧。）

五日，晴和，五十三度。断食前第五日。七时半起床。是夜前半颇觉身体舒泰，后半夜仍腿痛，手足麻木。三时醒，口干，心微跳，较昨减轻。食香蕉半个，饮冷水稍眠。六时醒，气体甚好。起床后不似前二日之头晕乏力，精神如常，心胸愉快。到菜园采花供铁瓶。食梨半个，吐渣。自昨日起，多写字，觉左腰痛。是日腹中屡屡作响，时流鼻涕，喉中肿烂尚未愈。午后侍和尚念经静坐一小时，微觉腰痛，不如前日之稳静。三时食梨半个，吐渣。食香蕉半个。午、晚饮米汤一盂。写字百六十二。傍晚精神稍差，恶寒口渴。本定于后日起断食。改自明日起断食，奉神诏也。

断食期内，每日饮梨汁一个之分量，饮橘汁三小个之分量，饮毕漱口。又因信仰上每晨餐神供生白米一粒，将眠，食香蕉半个。是日无大便，七时就床。是夜神经过敏甚剧，加以鼠声、人鼾声，终夜未安眠。口甚干，后半夜腿痛稍轻，微觉肩痛。

六日，晴暖，晚半阴，五十六度。断食正期第一日。八时起床。三时醒，心跳胸闷，饮冷水橘汁及梅茶一杯。八时起床，手足乏力，头微晕，执笔作字殊乏力，精神不如昨日。八时半饮梅茶一杯。脑力渐衰，眼手不灵，写日记时有误字，多遗忘。九时半后精神稍可。十时后精神甚佳，口渴已愈。数日来喉中肿烂亦愈。今日到大殿去二次，计上下廿四级石阶四次，已觉足乏力，为以前所无。是日共饮梨汁一个，橘汁二个。傍晚精神不衰，较胜昨日，但足乏力耳。仍时流鼻涕，晚间精神尤佳。是日不觉如何饥饿。晚有便意，仅放屁数个，仍无便。是夜能安眠，前半夜尤稳安舒泰。眠前以棉花塞耳，并诵神人合一之旨。夜间腿痛已愈，但左肩微痛。七时就床，梦变为丰颜之少年，自谓系断食之效。

七日，阴复晴，夜大风，五十四度。断食正期第二日。六时半起床。四时醒，心跳微作即愈，较前二日减轻。饮冷水甚多。六时半即起床，因是日头晕已减轻，精神较昨日为佳，且天甚暖，故早起床也。起床后饮橘汁一枚。晨览《释迦如来应化事迹图》。八时后精神不振，打哈欠，口塞流鼻涕，但起立行动如常。午后身体寒益甚，拥被稍息。想出食物数种，他日试为之。炒饼、饼汤、虾仁豆腐、虾子面片、什锦丝、咸胡瓜。三时起床，冷已愈，足力比昨日稍健。是日无大便，饮冷水较多。前半夜肩稍痛，须左右屡屡互易，后半夜已愈。

八日，阴，大风，寒，午后时露日光，五十度。断食正期第三日。十时起床。五时醒，气体至佳，如前数日之心跳头晕等皆无。因天寒大风，故起床较迟。起床后精神甚佳，手足有力，到院内散步。四时半就床，午后益寒，因早就床。是日食欲稍动，有时觉饥，并默想各种食物之种类及其滋味。是夜安眠，足关节稍痛。

九日，晴，寒，风，午后阴，四十八度。断食正期第四日。八时半起床。四时醒，气体极佳，与日常无异。起床后精神如常，手足有力。朝日照人，心目豁爽。小便后尿管微痛，因饮水太多之故。自今日始不饮梨橘汁，改饮盐梅茶二杯。午后因饮水过多，胸中苦闷。是日午前精神最佳，写字八十四，到菜圃散步。午后寒，一时拥被稍息。三时起床，室内运动。是日不感饥饿。因天寒五时半就床。

十日，阴，寒、四十七度。断食正期第五日。十时半起床。四时半醒，气体精神与昨同。起床后精神至佳。是日因寒故起床较迟。今日加饮盐汤一小杯。十一时杨、刘二君来谈至欢。因寒四时就床。是日写字半页。近日神经过敏已稍愈。故夜间较能安眠，但因昨日饮水过多伤胃，胃时苦闷，今日饮水较少。

十一日，阴寒，夕晴，四十七度。断食正期第六日。九时半起床。四时半醒，气体与昨同。夜间右足微痛，又胃部终不舒畅。是日口干，因寒起床稍迟。饮盐汤半杯，饮梨汁。夕晴，心目豁爽。写字百三十八。坐檐下曝日，四时就床，因寒早就床。是晚感谢神恩，誓必皈依。致福基书。

十二日，晨阴，大雾，寒，午后晴，四十八度。断食正期第七日。十一时起床。四时半醒，气体与昨同，足痛已愈，胃部已舒畅。口干，因寒不敢起床。十一时福基遣人送棉衣来，乃披衣起。饮梨汁及盐汤、橘汁。午后精神甚佳，耳目聪明，头脑爽快，胜于前数日。到菜圃散步。写字五十四。自昨日始，腹部有变动，微有便意，又有时稍感饥饿。是日饮水甚少。晚晴甚佳，四时半就床。

十三日，晨半晴阴，后晴和，夕风，五十四度。断食后期第一日。八时半起床。气体与昨同。晨饮淡米汤二盂，不知其味，屡有便意，口干后愈，饮梨汁橘汁。十一时饮浓米汤一盂，食梅干一个，不知其味。十一时服泻油少许，十一时半大便一次甚多。便色红，便时腹微痛，便后渐觉身体疲弱，手足无力。午后勉强到菜圃一次。是日不饮冷水。午前写字五十四。是日身体疲倦甚剧，断食正期未尝如是。胃口未开，不感饥饿，尤不愿饮米汤，是夕勉强饮一盂，不能再多饮。

十四日，晴，午前风，五十度。断食后期第二天。七时半起床。气体与昨同，夜间较能安眠。五时饮米汤一盂，口干，起床后精神较昨佳。大便轻泻一次，又饮米汤一盂，饮橘汁，食苹果半枚。是日因米汤、梅干与胃口不合，于十一时饮薄藕粉一盂，炒米糕二片，极觉美味，精神亦骤加。精神复原，是日极愉快满足。　吋饮薄藕粉一盂，米糕一片。写字三百八十四。腰腕稍痛，暗记诵《御神乐歌序章》。四时食稀粥一盂，咸蛋半个，梅干一个，是日不感十分饥饿，如是已甚满足。五时半就床。

十五日，晴，四十九度。断食后期第三日。七时起床。夜间渐能眠，气体无异平时。拥衾饮茶一杯，食米糕三片。早食藕粉米糕，午前到佛堂菜圃散步，写字八十四。午食粥二盂，青菜咸蛋少许。夕食芋四个，极鲜美。食梨一个，橘二个。敬抄《御神乐歌》二页，暗记诵一、二、三下目。晚饮粥二盂，青菜咸蛋，少许梅干。晚食粥后，又食米糕饮茶，未能调和，胃不合，终夜屡打嗝儿，腹鸣。是日无大便，七时就床。

十六日，晴，四十九度。断食后期第四日。七时半起床。晨饮红茶一杯，食藕粉芋。午食薄粥三盂，青菜芋大半碗，极美。有生以来不知菜芋之味如是也。食橘，苹果，晚食与午同。是日午后出山门散步，诵《御神乐歌》，甚愉快。入山以来，此为愉快之第一日矣。敬抄《御神乐歌》七页，暗记诵四、五下目。晚食后食烟一服。七时半就床，夜眠较迟，胃甚安，是日无大便。

十七日，晴暖，五十二度。断食后期第五日。七时起床。夜间仍不能多眠，晨饮泻油极少量。晨餐浓粥一盂，芋五个，仍不足，再食米糕二个，藕粉一盂。九时半大便一次，极畅快。到菜圃诵《御神乐歌》。中膳，米饭一盂，粥二盂，油炸豆腐一碗。本寺例初一、十五始食豆腐，今日特因僧人某死，葬资有余，故以之购食豆腐。午前后到山门外散步二次。拟定出山门后剃须。闻玉采萝卜来，食之至甘。晚膳粥三盂，豆腐青菜一盂，极美。今日抄《御神乐歌》五页，暗记诵六下目。作书寄普慈。是日大便后愉快，晚膳后尤愉快，坐檐下久。拟定今后更名欣，字俶同。七时半就床。

十八日，阴，微雨，四十九度。断食后期最后一日。五时半起床。夜间酣眠八小时，甚畅快，入山以来未之有也。是晨早起，因欲食寺中早粥。起床后大便一次甚畅。六时半食浓粥三盂，豆腐青菜一盂，胃甚涨。坐菜圃小屋诵《御神乐歌》，今日暗记诵七下目，敬抄《御神乐歌》八页。午，食饭二盂，豆腐青菜一盂，胃涨大，食烟一服。午后到山中散步，足力极健。采干花草数枝，松子数个。晚食浓粥二盂，青菜半盂，仅食此不敢再多，恐胃涨也。餐后胸中极感愉快。灯下写字五十四，辑订断食中字课，七时半就床。

十九日，阴，微雨，四时半起床。午后一时出山归校。嘱托闻玉事件：晚饭菜，橘子，做衣服附袖头，廿二要，轿子油布，轿夫选择，新蚊帐，夜壶。自己事件：写真，付饭钱，致普慈信。

遁入空门的修行

导致我出家的因素有很多，其中不乏小时候的家庭熏染，而有一些应该归功于我在浙江师范的经历。那种忙碌而充实的生活，将我在年轻时沾染上的一些所谓的名士习气洗刷干净，让我更加注重的是为人师表的道德修养的磨炼。因此我感受到了前所未有的清静和平淡，一种空灵的感觉在不知不觉中升起，并充斥到我的全身，就像小时候读佛经时的感觉，但比那时更清澈和明朗了。

民国初期，我来到杭州虎跑寺进行断食修炼，并于此间感悟到佛教的思想境界，于是便受具足戒，从此成为一介“比丘”，与孤灯、佛像、经书终日相伴。如果谈到我为何要选择在他人看来正是声名鹊起、该急流勇进的时候出家，我自己也说不太清楚，但我记得导致我出家决心的是我的朋友夏丏尊，他对我讲了一件事。他说他在一本日本杂志上看到一篇关于绝食修行的方法，这种方法可以帮助身心进行更新，从而达到除旧换新、改恶向善的目的，使人生出伟大的精神力量。他还告诉了我一些实行的方法及注意事项，并给了我一本参考书。我对此产生了浓厚的兴趣，总想找机会尝试一下，看看对自己的身心修养有没有帮助。这个念头产生后，就再也控制不了了，于是在当年暑假期间我就到寺中进行了三个星期的断食修炼。

修炼的过程还是很顺利的。第一个星期逐渐减少食量到不食，第二个星期除喝水以外不吃任何食物，第三个星期由喝粥逐渐增加到正常饮食。断食期间，并没有任何痛苦，也没有感到任何的不适，更没有心力交瘁、软弱无力的感觉。反而觉得身心轻快了很多、空灵了很多，心的感受力比以往更加灵敏了，并且颇有文思和洞察力，感觉就像脱胎换骨过了一样。断食修炼后不久的一天，由一个朋友介绍来的彭先生，也来到寺里住下，不承想他只住了几天，就感悟到身心的舒适，竟由主持为其剃度，出家当了和尚。我看了这一切，受到极大的撞击和感染，于是由了悟禅师为我定了法名为演音，法号是弘一。但是我只皈依了三宝，没有剃度，成为一个在家修行的居士。我本想就此以居士的身份，住在寺里进行修持，因为我也曾经考虑到出家的种种困难。然而我一个好朋友说的一句话让我彻底下了出家为僧的决心。

在我成为居士并住在寺里后，我的那位好朋友，再三邀请我到南京高师教课，我推辞不过，于是经常在杭州和南京两地奔走，有时一个月要数次。朋友劝我不要这样劳苦，我说："这是信仰的事情，不比寻常的名利，是不可以随便迁就或更改的。"我的朋友后悔不该强行邀请我在高师任教，于是我就经常安慰他，这反倒使他更加苦闷了。终于，有一天他对我说："与其这样做居士究竟不彻底，不如索性出家做了和尚，倒清爽！"这句话对我犹如醍醐灌顶，一语就警醒了我。是呀，做事做彻底，不干不净的很是麻烦。于是在这年暑假，我就把我在学校的一些东西分给了朋友和校工们，仅带了几件衣物和日常用品，回到虎跑寺剃度做了和尚。

有很多人猜测我出家的原因，而且争议颇多。我并不想去昭告天下，我为啥出家。因为每个人做事有每个人的原则、兴趣、方式方法以及对事物的理解，这些本就是永远不会相同的，就是说了他人也不会理解，所以干脆不说，慢慢他人就会淡忘的。至于我当时的心境，我想更多的是为了追求一种更高、更理想的方式，以教化自己和世人！

余弘律之因缘

弘律因缘

初出家时，即读《梵网合注》。续读《灵峰宗论》，乃发起学律之愿。

受戒时，随时参读《传戒正范》及《毗尼事义集要》。

庚申之春，自日本请得古版南山灵芝三大部，计八十余册。

辛酉之春，始编《戒相表记》。六月，第一次草稿乃讫。以后屡经修改，手抄数次。

是年阅藏，得见义净三藏所译《有部律》及《南海寄归内法传》；深为赞叹。谓较旧律为善；故《四分律戒相表记》第一、二次草稿中，屡引义净之说，以纠正南山。其后自悟轻谤古德，有所未可，遂涂抹之。经多次删改，乃成最后之定本。

以后虽未敢谤毁南山，但于南山三大部仍未用心穷研；故印专习《有部律》。两年之中，编《有部犯相摘记》一卷、自行抄一卷。

其时徐霨如居士创刻经处于天津，专刻南山宗律书，费资数万金，历时十余年。

弘律愿文

如是戒品，我今誓愿受持、修学，尽未来际，不复舍离。以此功德，愿我及众生，无始已来所作众罪，尽得消灭。若一切众生所有定业，当受报者，我皆代受。遍微尘国，历诸恶道，经微尘劫，备尝众苦，欢喜忍受，终无厌悔；令彼众生先成佛道。我所发愿，真实不虚，伏惟三宝证知者。

演音自撰发愿句三种，行住坐卧，常常忆念，我所修持一切功德，悉以回施法界众生；众生所造无量恶业，愿我一身代受众苦。

誓舍身命，护持三世一切佛法！

誓舍身命，救度法界一切众生！

愿代法界一切众生，备受众苦！

愿护南山四分律宗弘传世间！

追求律学的真谛

由于我出家后，总是选择清静祥和的地方，要么闭关诵读佛经，要么就是从事写作，有时为大众讲解戒律修持，所以人们经常感到我行踪不定，找不到我。其实佛法无处不在，有佛法的地方就会有我。而我对佛教戒律学的研究可说是情有独钟，我不仅夜以继日地加以研究，就算倾注我毕生的精力也在所不惜！而且我出家后，认定了弘扬律学的精要，一直都过着持律守戒的生活。这种生活对我的修行起了很大的帮助。

我最初接触律学，主要是朋友马一孚居士送给我的一本名叫《灵峰毗尼事义集要》和一本名叫《宝华传戒正范》的书，我非常认真地读过后，真是悲欣交集，心境通彻，亦因此下定决心要学戒，以弘扬法正。

《灵峰毗尼事义集要》是明末高僧蕅益智旭法师的精神旨要，而名叫《宝华传戒正范》是明末的见月宝华法师为传戒所制定的戒律标准。我仔细研读了两位前辈大德的著作后，由衷地感叹大师的修行法旨，也不得不发出感慨，慨叹现在的佛门戒律颓废，很多的僧人没有真正的戒律可以遵守，如果长久下去，佛法将无法长存，僧人也将不复存在了，这是我下决心学习律学的原因。我常想：我们在此末法时节，所有的戒律都是不能得的，其中有很多的原因。而现在没有能够传授戒律的人，长此以往我认为僧种可能就断绝了。请大家注意，我所说的“僧种断绝”，不是说中国没有僧人了，而是说真正懂得戒律和能遵守戒律的僧人不复存在了！

想到这些后，我于一九二一年到温州庆福寺进行闭关修持，后又学习南山律。经过长时间的研究和习作后，我便在西湖玉泉寺，用了四年的时间，撰写了《四分律比丘戒相表记》。从这本书中不难看出，我所从事的佛学思想体系，是以华严为境，四律为行，导归净土为果的。

像我这样初入佛门，便选择了律学为我毕生的研究方向的僧人，是非常少见的，这令我很伤感。如果能有更多的僧人像我这样，持戒守律，那么佛法的发扬光大将不是难事！

从容弘法的感悟

从我出家以后，一直到现在，近二十年的时间里，我一直在修持戒律，并且一直不曾化缘、修庙、剃度徒众，也不曾做过住持或监院之类的职务，甚至极少接受一般人的供养。有的时候供养确实无法推却，只好收下，然后转给寺庙。至于我个人的日常花用，一般由我过去的几位朋友或学生来赞助的。因为我自开始修持戒律后，从律学的角度来讲，随便收受他人的馈赠，即便是施主真心真意的供养，也是犯了五戒中的盗戒；再者说，随便收受他人的馈赠，会滋养恶习，不利于修行，更不利于佛法的参悟。所以，我对金钱方面的事情，极为注意，丝毫不敢懈怠。记得我在出家后的第三年时，有一位上海的居士寄钱给我，让我买僧衣和日常用品，我把钱退了回去，并婉言相告表示谢意。

在我出家的这二十年时间里，我先后在杭州的玉泉寺、嘉兴精严寺、衢州莲华寺、温州庆福寺等数十处寺庙住过，其中在温州的时间最长。现在这几年一直住在闽南，主要是在泉州和厦门。在闽南的这段时间，我一直是在写书，并将写成的书向僧众们讲解，将宣传戒律的决心付诸行动。

在闽南是我宣扬戒律最重要的时期，而其间让我感到欣慰的是，每到一处讲解戒律时，都会有众多的僧人前来听录，他们都非常认真。这前后跟我经常在一起的有性常、义俊、瑞今、广洽等十余人，他们都为我宣讲律学给予了不少的帮助。

自此可见，佛法的真实理论和修行的严谨方法，是众多出家人都渴望得到的，也因此我不再害怕佛法不能弘扬了。看来作为一个学道的人，只要心中有春意，就不用世俗的享受来愉悦自己，倒是世间的一切，均可以使自己感到快乐。更何况是为解脱世间众多受苦人的事业而努力，只要有一点儿成绩和希望，我们都应感到欣喜！

另外对于佛教之简易修持法以及我与永春的因缘简述一下。我到永春的因缘，最初发起，是在三年之前。性愿老法师常常劝我到此地来，又常提起普济寺是如何如何地好。两年以前的春天，我在南普陀讲律圆满以后，妙慧师便到厦门请我到此地来。那时因为学律的人要随行的太多，而普济寺中设备未广，不能够收容，不得已而中止。是为第一次欲来未果。是年的冬天，有位善兴师，他持着永春诸善友一张请帖，到厦门万石岩去，要接我来永春。那时因为已先应了泉州草庵之请，故不能来永春。是以第二次没有来成。

去年的冬天，妙慧师再到草庵来接。本想随请前来，不意过泉州时，又承诸善友挽留，不得已而延期至今春。是为第三次也没有来成。

直至今年半个月以前，妙慧师又到泉州劝请，是为第四次。因大众既然有如此的盛意，故不得不来。其时在泉州各地讲经，很是忙碌，因此又延搁了半个多月。今得来到贵处，和诸位善友相见，我心中非常欢喜。自三年前就想到此地来，屡次受了事情所阻，现在得来，满其多年的夙愿，更可说是十分地欢喜了。

艺海畅游的乐趣

有人说我在出家前是书法家、画家、音乐家、诗人、戏剧家等，出家后这些造诣更深。其实不是这样的，所有这一切都是我的人生兴趣而已。我认为一个人在他有生之年应多学一些东西，不见得样样精通，如果能做到博学多闻就很好了，也不枉屈自己这一生一世。而我在出家后，拜印光大师为师，所有的精力都致力于佛法的探究上，全身心地去了解禅的含义，在这些兴趣上反倒不如以前痴迷了，也就荒疏了不少。然而，每当回忆起那段艺海生涯，总是有说不尽的乐趣！

记得在我十八岁那年，我与茶商之女俞氏结为夫妻。当时哥哥给了我三十万元做贺礼，于是我就买了一架钢琴，开始学习音乐方面的知识，并尝试着作曲。后来我与母亲和妻子搬到了上海法租界，由于上海有我家的产业，我可以以少东家的身份支取相当高的生活费用，也因此得以与上海的名流们交往。当时，上海城南有一个组织叫“城南文社”，每月都有文学比试，我投了三次稿，有幸的是每次都获得第一名。从而与文社的主事许幻园[1]先生成为朋友，他为我

---

①许幻园（1878—1929），诗人、小说家，是二十世纪二三十年代上海新派诗文界的领袖人物之一。

们全家在南城草堂打扫了房屋，并让我们移居了过去，在那里我和他及另外三位文友结为金兰之好，还号称是“天涯五友”[①]。后来我们共同成立了“上海书画公会”，每个星期都出版书画报纸，与那些志同道合的同仁们一起探讨研究书画及诗词歌赋。但是这个公社成立不久就解散了。

由于公社解散，而我的长子在出生后不久就夭折了，不久后我的母亲又过世了，多重不幸给我带来了不小的打击。于是我将母亲的遗体运回天津安葬，并把妻子和孩子一起带回天津，我独自一人前往日本求学。在日本我就读于日本当时美术界的最高学府——上野美术学校[②]，而我当时的老师亦是日本最有名的画家之一——黑田清辉[③]。当时我除了学习绘画外，还努力学习音乐和作曲。那时我确实是沉浸在艺术的海洋中，那是一种真正的快乐享受。

我从日本回来后，政府的腐败统治导致国衰民困，金融市场更是惨淡，很多钱庄、票号都相继倒闭，我家的大部分财产也因此化为乌有了。我的生活也就不再像以前那样无忧无虑了，为此我到上海城东女校当老师去了，并且同时任《太平洋报》文艺版的主编。但是没多久报社被查封，我也为此丢掉了工作。大概几个月后我应聘到浙江师范学校担任绘画和音乐教员，那段时间是我在艺术领域里驰骋最潇洒自如的日子，也是我一生最忙碌、最充实的日子。

如果说人类的情欲像一座煤矿，在不同的时期有不同的方式将自己的欲望转变为巨大的能量，而这种转变会因人而异，有大有小、有快有慢、有迟有早。我可能就属于后者，来得比较缓慢了。

---

①许幻园、李叔同、张小楼、蔡小香、袁希濂。

②即东京美术学校。

③黑田清辉（1866—1924），近代日本写实主义油画家，创立了日本外光画派，以裸体油画《朝妆》引起东西方艺术界震动。

南闽十年之梦影

我一到南普陀寺，就想来养正院和诸位法师讲谈讲谈，原定的题目是“余之忏悔”，说来话长，非十几小时不能讲完；近来因为讲律，须得把讲稿写好，总抽不出一个时间来，心里又怕负了自己的初愿，只好抽出很短的时间，来和诸位谈谈，谈我在南闽十年中的几件事情！

我第一回到南闽，在一九二八年的十一月，是从上海来的。起初还是在温州，我在温州住得很久，差不多有十年光景。

由温州到上海，是为着编辑《护生画集》的事，和朋友商量一切；到十一月底，才把《护生画集》编好。

那时我听人说：尤惜阴居士也在上海。他是我旧时很要好的朋友，我就想去看一看他。一天下午，我去看尤居士，居士说要到暹罗国[①]去，第二天一早就要动身的。我听了觉得很喜欢，于是也想和他一道去。

我就在十几小时中，急急地预备着。第二天早晨，天还没大亮，就赶到轮船码头，和尤居士一起动身到暹罗国去了。从上海到暹罗，是要经过厦门的，料不到这就成了我来厦门的因缘。十二月初，到了厦门，承陈敬贤居十的招待，

①即泰国。

也在他们的楼上吃过午饭，后来陈居士就介绍我到南普陀寺来。那时的南普陀，和现在不同，马路还没有建筑，我是坐着轿子到寺里来的。

到了南普陀寺，就在方丈楼上住了几天。时常来谈天的，有性愿老法师、芝峰法师等。芝峰法师和我同在温州，虽不曾见过面，却是很相契的。现在突然在南普陀寺晤见了，真是说不出的高兴。

我本来是要到暹罗去的，因着诸位法师的挽留，就留滞在厦门，不想到暹罗国去了。

在厦门住了几天，又到小雪峰那边去过年。一直到正月半以后才回到厦门，住在闽南佛学院的小楼上，约莫住了三个月工夫。看到院里面的学僧虽然只有二十几位，他们的态度都很文雅，而且很有礼貌，和教职员的感情也很不差，我当时很赞美他们。

这时芝峰法师就谈起佛学院里的课程来。他说："门类分得很多，时间的分配却很少，这样下去，怕没有什么成绩吧？"因此，我表示了一点儿意见，大约是说："把英文和算术等删掉，佛学却不可减少，而且还得增加，就把腾出来的时间教佛学吧！"他们都很赞成。听说从此以后，学生们的成绩，确比以前好得多了！

我在佛学院的小楼上，一直住到四月间，怕将来的天气更会热起来，于是又回到温州去。

第二回到南闽，是在一九二九年十月。起初在南普陀寺住了几天，以后因为寺里要做水陆，又搬到太平岩去住。等到水陆圆满，又回到寺里，在前面的老功德楼住着。

当时闽南佛学院的学生，忽然增加了两倍多，有六十多位，管理方面不免感到困难。虽然竭力整顿，终不能恢复以前的样子。

不久，我又到小雪峰去过年，正月半才到承天寺来。

那时性愿老法师也在承天寺，在起草章程，说是想办什么研究社。

不久，研究社成立了，景象很好，真所谓"人才济济"，很有一种难以形容的盛况。现在妙释寺的善契师，南山寺的传证师，以及已故南普陀寺的广究师……都是那时候的学僧哩！

研究社初办的几个月间，常住的经忏很少，每天有工夫上课，所以成绩卓著，为别处所少有。

当时我也在那边教了两回写字的方法，遇有闲空，又拿寺里那些古版的藏经来整理整理，后来还编成目录，至今留在那边。这样在寺里约莫住了三个月，到四月，怕天气要热起来，又回到温州去。

一九三一年九月，广洽法师写信来，说很盼望我到厦门去。当时我就从温州动身到上海，预备再到厦门；但许多朋友都说时局不大安定，远行颇不相宜，于是我只好仍回温州。直到转年（即一九三二年）十月，到了厦门，计算起来，已是第三回了。

到厦门之后，由性愿老法师介绍，到山边岩去住；但其间妙释寺也去住了几天。

那时我虽然没有到南普陀来住，但佛学院的学僧和教职员，却是常常来妙释寺谈天的。

一九三三年正月廿一日，我开始在妙释寺讲律。这年五月，又移到开元寺去。当时许多学律的僧众，都能勇猛精进，一天到晚地用功，从没有空过的工夫；就是秩序方面也很好，大家都啧啧地称赞着。

有一天，已是黄昏时候了，我在学僧们宿舍前面的大树下立着，各房灯火发出很亮的光；诵经之声，又复朗朗入耳，一时心中觉得有无限的欢慰！可是这种良好的景象，不能长久地继续下去，恍如昙花一现，不久就消失了。但是当时的景象，却很深地印在我的脑中，现在回想起来，还如在大树底下目睹一般。这是永远不会消灭，永远不会忘记的呀！

十一月，我搬到草庵来过年。

一九三四年二月，又回到南普陀。当时旧友大半散了；佛学院中的教职员和学僧，也没有一位认识的！我这一回到南普陀寺来，是准了常惺法师的约，来整顿学僧教育的。后来我观察情形，觉得因缘还没有成熟，要想整顿，一时也无从着手，所以就作罢了。此后并没有到闽南佛学院去。

讲到这里，我顺便将我个人对于学僧教育的意见，说明一下：

我平时对于佛教是不愿意去分别哪一宗、哪一派的，因为我觉得各宗各派，都各有各的长处。但是有一点，我以为无论哪一宗哪一派的学僧，却非深信不可，那就是佛教的基木原则，就是深信善恶因果报应的道理——善有善报，恶有恶报；同时还须深信佛菩萨的灵感！这不仅初级的学僧应该这样，就是升到佛教大学也要这样！善恶因果报应和佛菩萨的灵感道理，虽然很容易懂；可是能彻底相信的却不多。这所谓信，不是口头说说的信，是要内心切切实实去信的呀！咳！这很容易明白的道理，若要切切实实地去信，却不容易呀！我以为无论如何，必须深信善恶因果报应和诸佛菩萨灵感的道理，才有做佛教徒的资格！须知善有善报，恶有恶报，这种因果报应，是丝毫不差的！又须知我们一个人所有的行为，一举一动，以至起心动念，诸佛菩萨都看得清清楚楚！一个人若能这样十分决定地信着，他的品行道德，自然会一天比一天地高起来！要晓得我们出家人，就所谓“僧宝”，在俗家人之上，地位是很高的。所以品行道德，也要在俗家人之上才行！

倘品行道德仅能和俗家人相等，那已经难为情了。何况不如？又何况十分地不如呢？……咳！……这样他们看出家人就要十分地轻慢，十分地鄙视，种种讥笑的话，也接连地来了……

记得我将要出家的时候，有一位在北京的老朋友写信来劝告我，你知道他劝告的是什么，他说：“听到你要不做人，要做僧去……”咳！……我们听到了这话，该是怎样地痛心哪！他以为做僧的，都不是人，简直把僧不当人看了！你想，这句话多么厉害呀！出家人何以不是人？为什么被人轻慢到这地步？我们都得自己反省一下！我想这原因都由于我们出家人做人太随便的缘故；种种太随便了，就闹出这样的话柄来了。至于为什么会随便呢？那就是由于不能深信善恶因果报应和诸佛菩萨灵感的道理的缘故。倘若我们能够真正生信，十分决定地信，我想就是把你的脑袋斫掉，也不肯随便的了！

以上所说，并不是单单养正院的学僧应该牢记，就是佛教大学的学僧也应该牢记，相信善恶因果报应和诸佛菩萨灵感不爽的道理！

就我个人而论，已经是将近六十的人了，出家已有二十年，但我依旧喜欢看这类的书。——记载善恶因果报应和佛菩萨灵感的书。

我近来省察自己，觉得自己越弄越不像了，所以我要常常研究这一类的书：希望我的品行道德，一天高尚一天；希望能够改过迁善，做一个好人。又因为我想做一个好人，同时我也希望诸位都做好人。

这一段话，虽然是我勉励我自己的，但我很希望诸位也能照样去实行。

关于善恶因果报应和佛菩萨灵感的书，印光老法师在苏州所办的弘化社那边印得很多，定价也很低廉，诸位若要看的话，可托广洽法师写信去购请，或者他们会赠送也未可知。

以上是我个人对于学僧教育的一点儿意见。下面我再来说几样事情：

我于一九三五年到惠安净峰寺去住。到十一月，忽然生了一场大病，所以我就搬到草庵来养病。这一回的大病，可以说是我一生的大纪念！我于一九三六年的正月，扶病到南普陀寺来。在病床上有一只钟，比其他的钟总要慢两刻，别人看到了，总是说这个钟不准，我说："这是草庵钟。"别人听了"草庵钟"三字还是不懂，难道天下的钟也有许多不同的么？现在就让我详详细细来说个明白。

我那一回大病，在草庵住了一个多月。摆在病床上的钟，是以草庵的钟为标准的。而草庵的钟，总比一般的钟要慢半点儿。我以后虽然移到南普陀，但我的钟还是那个样子，比平常的钟慢两刻，所以"草庵钟"就成了一个名词了。这件事由别人看来，也许以为是很好笑的吧！但我觉得很有意思！因为我看到这个钟，就想到我在草庵生大病的情形了，往往使我发大惭愧，惭愧我德薄业重。我要自己时时发大惭愧，我总是故意地把钟改慢两刻，照草庵那钟的样子，不只当时如此，到现在还是如此，而且愿尽形寿，常常如此。

以后在南普陀住了几个月，于五月间，才到鼓浪屿日光岩去。十二月仍回南普陀。到今年一九三七年，我在闽南居住，算起来，首尾已是十年了。回想我在这十年之中，在闽南所做的事情，成功的却是很少很少，残缺破碎的居其大半，所以我常常自己反省，觉得自己的德行，实在十分欠缺！因此近来我自己起了一个名字，叫"二一老人"。什么叫"二一老人"呢？这有我自己的根据。

记得古人有句诗："一事无成人渐老。"清初吴梅村（伟业）临终的绝命词有："一钱不值何消说。"这两句诗的开头都是"一"字，所以我用来做自己的名字，叫作"二一老人"。因此我十年来在闽南所做的事，虽然不完满，而我也不怎样地去求他完满了。

诸位要晓得，我的性情是很特别的，我只希望我的事情失败，因为事情失败、不完满，这才使我常常发大惭愧，能够晓得自己的德行欠缺，自己的修善不足，那我才可努力用功，努力改过迁善！一个人如果事情做完满了，那么这个人就会心满意足，扬扬得意，反而增长他贡高我慢[①]的念头，生出种种的过失来。所以还是不去希望完满的好。不论什么事，总希望他失败，失败才会发大惭愧，

①佛教用语，意为自高自大。

倘若因成功而得意，那就不得了啦！

我近来，每每想到“二一老人”这个名字，觉得很有意味！这“二一老人”的名字，也可以算是我在闽南居住了十年的一个最好的纪念！

丁丑二月十六日在南普陀寺佛教养正院讲

最后之□□[①]

佛教养正院已办有四年了。诸位同学初来的时候，身体很小，经过四年之久，身体皆大起来了，有的和我也差不多。啊！光阴很快。人生在世，自幼年至中年，自中年至老年，虽然经过几十年之光景，实与一会儿差不多。就我自己而论，我的年纪将到六十了，回想从小孩子的时候起到现在，种种经过如在目前。啊！我想我以往经过的情形，只有一句话可以对诸位说，就是“不堪回首”而已。

我常自己来想，啊！我是一个禽兽吗？好像不是，因为我还是一个人身。我的天良丧尽了吗？好像还没有，因为我尚有一线天良常常想念自己的过失。我从小孩子起一直到现在都埋头造恶吗？好像也不是，因为我小孩子的时候，常行袁了凡的功过格，三十岁以后，很注意于修养，初出家时，也不是没有道心。虽然如此，但出家以后一直到现在，便大不相同了：因为出家以后二十年之中，一天比一天堕落，身体虽然不是禽兽，而心则与禽兽差不多。天良虽然没有完全丧尽，但是昏愦糊涂，一天比一天厉害，抑或与天良丧尽也差不多了。讲到埋头造恶的一句话，我自从出家以后，恶念一天比一天增加，善念一天比一天退失，一直到现在，可以说是醇乎其醇的一个埋头造恶的人，这个也无须客气

①原文此处即缺字，根据文意推测为“忏悔”。

也无须谦让了。

就以上所说看起来，我从出家后已经堕落到这种地步，真可令人惊叹；其中到闽南以后十年的工夫，尤其是堕落的堕落。去年春间曾经在养正院讲过一次，所讲的题目，就是“南闽十年之梦影”，那一次所讲的，字字之中，都可以看到我的泪痕，诸位应当还记得吧。

可是到了今年，比去年更不像样子了；自从正月二十到泉州，这两个月之中，弄得不知所云。不只我自己看不过去；就是我的朋友也说我以前如闲云野鹤，独往独来，随意栖止，何以近来竟大改常度，到处演讲，常常见客，时时宴会，简直变成一个“应酬的和尚”了，这是我的朋友所讲的。啊！“应酬的和尚”，这五个字，我想我自己近来倒很有几分相像。

如是在泉州住了两个月以后，又到惠安到厦门到漳州，都是继续前稿；除了利养，还是名闻，除了名闻，还是利养。日常生活，总不在名闻利养之外。虽在瑞竹岩住了两个月，稍少闲静，但是不久，又到祈保亭冒充善知识，受了许多的善男信女的礼拜供养，可以说是惭愧已极了。

九月又到安海，住了一个月，十分地热闹。近来再到泉州，虽然时常起一种恐惧厌离的心，但是仍不免向这一条名闻利养的路上前进。可是近来也有一件可庆幸的事，因为我近来得到永春十五岁小孩子的一封信。他劝我以后不可常常宴会，要养静用功；信中又说起他近来的生活，如吟诗、赏月、看花、静坐等，洋洋千言的一封信。啊！他是一个十五岁的小孩子，竟有如此高尚的思想，正当的见解。我看到他这一封信，真是惭愧万分了。我自从得到他的信以后，就以十分坚决的心，谢绝宴会，虽然得罪了别人，也不管他，这个也可算是近来一件可庆幸的事了。

虽然是如此，但我的过失也太多了，可以说是从头至足，没有一处无过失，岂止谢绝宴会，就算了结了吗？尤其是今年几个月之中，极力冒充善知识，实在是太为佛门丢脸。别人或者能够原谅我；但我对我自己，绝对不能够原谅，断不能如此马马虎虎地过去。所以我近来对人讲话的时候，绝不顾惜情面，决定赶快料理没有了结的事情，将“法师”“老法师”“律师”等名目，一概取消，将学人侍者等一概辞谢；孑然一身，遂我初服，这个或者亦是我一生的大结束了。

啊！再过一个多月，我的年纪要到六十了。像我出家以来，既然是无惭无愧，埋头造恶，所以到现在所做的事，大半支离破碎不能圆满，这个也是份所当然。

只有对于养正院诸位同学，相处四年之久，有点儿不能忘情；我很盼望养正院从此以后，能够复兴起来，为全国模范的僧学院。可是我的年纪老了，又没有道德学问，我以后对于养正院，也只可说“爱莫能助”了。

啊！与诸位同学谈得时间也太久了，且用古人的诗来做临别赠言。诗云：

末济终焉心缥缈[①]，
万事都从缺陷好。
吟到夕阳山外山，
古今谁免余情绕。

①原文中的首句为缺字“□”，原诗为清代龚自珍所作。

人生之最后

绪　言

古诗云：“我见他人死，我心热如火，不是热他人，看看轮到我。”人生最后一段大事岂可须臾忘耶。今为讲述，次分六章，如下所列。

重病时

当病重时应将一切家事及自己身体悉皆放下。专意念佛，一心希冀往生西方。能如是者，如寿已尽，决定往生。如寿未尽，虽求往生而病反能速愈，因心至专诚，故能灭除宿世恶业也。倘不如是放下一切专意念佛者，如寿已尽，决定不能往生，因自己专求病愈不求往生，无由往生故。如寿未尽，因其一心希望病愈，妄生忧怖，不惟不能速愈，反更增加病苦耳。

病未重时，亦可服药，但仍须精进念佛，勿作服药愈病之想。病既重时，可以不服药也。余昔卧病石室，有劝延医服药者，说偈谢云："阿弥陀佛，无上医王，舍此不求，是谓痴狂。一句弥陀，阿伽陀药，舍此不服，是谓大错。"因平日既信净土法门，谆谆为人讲说。今自患病何反舍此而求医药，可不谓为痴狂大错耶。若病重时痛苦甚剧者，切勿惊惶。因此病苦，乃宿世业障。或亦是转未来三途恶道之苦，于今生轻受，以速了偿也。

自己所有衣服诸物，宜于病重之时，即施他人。若依《地藏菩萨本愿经如来赞叹品》所言供养经像等，则弥善矣。

若病重时，神识犹清，应请善知识为之说法，尽力安慰。举病者今生所修善业，一一详言而赞叹之，令病者心生欢喜，无有疑虑。自知命终之后，承斯善业，决定生西。

临终时

临终之际，切勿询问遗嘱，亦勿闲谈杂话。恐彼牵动爱情，贪恋世间，有碍往生耳。若欲留遗嘱者，应于康健时书写，付人保藏。

倘自言欲沐浴更衣者，则可顺其所欲而试为之。若言不欲，或噤口不能言者，皆不须强为。因常人命终之前，身体不免痛苦。倘强为移动沐浴更衣，则痛苦将更加剧。世有发愿生西之人，临终为眷属等移动扰乱，破坏其正念，遂致不能往生者，甚多甚多。又有临终可生善道，乃为他人误触，遂起瞋心，而牵人恶道者，如经所载阿耆达王死堕蛇身，岂不可畏。

临终时或坐或卧，皆随其意，未宜勉强。若自觉气力衰弱者，尽可卧床，勿求好看勉力坐起。时，本应面西右胁侧卧。若因身体痛苦，改为仰卧，或面东左胁侧卧者，亦任其自然，不可强制。

大众助念佛时，应请阿弥陀佛接引像，供于病人卧室，令彼瞩视。

助念之人，多少不拘。人多者，宜轮班念，相续不断。或念六字，或念四字，或快或慢，皆须预问病人，随其平日习惯及好乐者念之，病人乃能相随默念。今见助念者皆随己意，不问病人，既已违其平日习惯及好乐，何能相随默念。余愿自今以后，凡任助念者，于此一事切宜留意。

又寻常助念者，皆用引磬小木鱼。以余经验言之，神经衰弱者，病时甚畏引磬及小木鱼声，因其声尖锐，刺激神经，反令心神不宁。若依余意，应免除引磬小木鱼，仅用音声助念，最为妥当或改为大钟大磬大木鱼，其声宏壮，闻者能起肃敬之念，实胜于引磬小木鱼也。但人之所好，各有不同。此事必须预先向病人详细问明，随其所好而试行之。或有未宜，尽可随时改变，万勿固执。

命终后一日

既已命终，最切要者，不可急忙移动。虽身染便秽，亦勿即为洗涤。必须经过八小时后，乃能浴身更衣。常人皆不注意此事，而最要紧。惟望广劝同人，依此谨慎行之。

命终前后，家人万不可哭。哭有何益，能尽力帮助念佛乃于亡者有实益耳。若必欲哭者，须俟命终八小时后。

顶门温暖之说，虽有所据，然亦不可固执。但能平日信愿真切，临终正念分明者，即可证其往生。

命终之后，念佛已毕，即锁房门。深防他人入内误触亡者。必须经过八小时后，乃能浴身更衣。（前文已言，今再谆嘱，切记切记。）因八小时内若移动者，亡人虽不能言，亦觉痛苦。

八小时后着衣，若手足关节硬，不能转动者，应以热水淋洗。用布揽热水，围于臂肘膝弯。不久即可活动，有如生人。

殓衣宜用旧物，不用新者。其新衣应布施他人，能令亡者获福。

不宜用好棺木，亦不宜做大坟。此等奢侈事，皆不利于亡人。

荐亡等事

七七日内，欲延僧众荐亡，以念佛为主。若诵经拜忏焰口水陆等事，虽有不可思议功德，然现今僧众视为具文，敷衍了事，不能如法，罕有实益。《印光法师文钞》中屡斥诫之，谓其唯属场面，徒作虚套。若专念佛，则人人能念，最为切实，能获莫大之利矣。

如请僧众念佛时，家族亦应随念。但女众宜在自室或布帐之内，免生讥议。

凡念佛等一切功德，皆宜回向普及法界众生，则其功德乃能广大。而亡者所获利益，亦更因之增长。

开吊时宜用素斋，万勿用荤，致杀害生命，大不利于亡人。

出丧仪文，切勿铺张。毋图生者好看，应为亡者惜福也。

七七以后，亦应常行追荐，以尽孝思。莲池大师谓年中常须追荐先亡。不得谓已得解脱，遂不举行耳。

劝请发起临终助念会

此事最为切要。应于城乡各地，多多设立。《饬终津梁》中有详细章程，宜检阅之。

结　语

残年将尽，不久即是腊月三十日，为一年最后。若未将钱财预备稳妥，则债主纷来，如何抵挡。吾人临命终时，乃是一生之腊月三十日，为人生最后。若未将往生资粮预备稳妥，必致手忙脚乱呼爷叫娘，多生恶业一齐现前，如何摆脱。临终虽恃他助念，诸事如法。但自己亦须平日修持，乃可临终自在。奉劝诸仁者，总要及早预备才好。

第二章

讲禅解经，参透至善佛缘

深悲早现茶花女，胜愿终成苦行僧。

无数奇珍供世眼，一轮明月照天心。

——赵朴初

弘一法师前半世激荡红尘，不枉风流，后半世遁入空门，淡如春水。他出家之后，初修净土宗，后又修律宗。总体来看，其佛学思想体系，是以华严宗为研究基础，修持弘扬律行，崇信净土法门。其中，律宗以戒律森严而著称，是佛门中公认的最难修的一宗。弘一法师潜心专研戒律，并现身说法，以近乎苦行的虔诚严格依照戒律修持，曾立下四个誓言：

其一，放下万缘，一心系佛，宁堕地狱，不做寺院主持。

其二，戒除一切虚文缛节，在简易而普遍的方式下，令法音宣流，不开大法，不做法师。

其三，拒绝一切名利的供养与沽求，度行云流水生涯，粗茶淡饭，一衣一衲，鞠躬尽瘁，誓成佛道。

其四，为僧界现状，誓志创立风范，令人恭敬三宝，老实念佛，精严戒律，以戒为师。

二十多年来，弘一法师坚持自律苦修、弘扬律宗。他花了四年时间，著成《四分律比丘戎相表记》，该书与其晚年所撰的《南山律在家备览略篇》合为两大名著，还亲自编写《佛学丛刊》，潜心圈点校注唐代道宣律祖所撰的“南山三大部”。最终，他使传统断绝数百年的律宗再次复兴起来，佛门称其为“重兴南山律宗第十一代祖师”。

弘一法师不仅在修法上令人钦佩，最为世人赞叹的是他悲天悯人的慈悲之心。据资料记载，他每次坐藤椅之前，总是要先晃动一下，以免躲在附近的小虫被压死；临终时，他曾要求弟子在龛脚垫上四碗水，以免爬上自己尸身的蚂蚁被烧死。人间至善，就在这些点滴的善念之中。弘一法师在各处讲经说法之时，也不忘将善念度与众生，以佛门因果之理告诫人们存善心、做善事。

本章精选了弘一法师对基础佛学观念的解读文章，以及他在各处弘法时的演讲录，深入浅出地向读者阐释佛法大意、佛法初学之法、净土宗修习之法等。这些文章不仅有生动的佛学典故，也有弘一法师就自身经历的叙述，以及总结出的妙语。人性与佛心的真善美，就在此间。

佛法大意

我至贵地，可谓奇巧因缘。本拟住半月返厦。因变住此，得与诸君相晤，甚可喜。

先略说佛法大意。

佛法以大菩提心为主。菩提心者，即是利益众生之心。故信佛法者，须常抱积极之大悲心，发救济一切众生之大愿，努力做利益众生之种种慈善事业。乃不愧为佛教徒之名称。

若专修净土法门者，尤应先发大菩提心。否则他人谓佛法是消极的、厌世的、送死的。若发此心者，自无此误会。

至于做慈善事业，尤要。既为佛教徒，即应努力做利益社会之种种事业。乃能令他人了解佛教是救世的、积极的。不起误会。

或疑经中常言空义，岂不与前说相反。

今案大菩提心，实具有悲智二义。悲者如前所说。智者不执着我相，故曰空也。即是以无我之伟大精神，而做种种之利生事业。

若解此意，而知常人执着我相而利益众生者，其能力薄、范围小、时不久、不彻底。若欲能力强、范围大、时间久、最彻底者，必须学习佛法，了解悲智之义，如是所做利生事业乃能十分圆满也。故知所谓空者，即是于常人所执着之我见，打破消灭，一扫而空。然后以无我之精神，努力切实做种种之事业。亦犹世间行事，先将不良之习惯等一一推翻，然后良好建设乃得实现也。

今能了解佛法之全系统及其真精神所在，则常人谓佛教是迷信是消极者，固可因此而知其不当。即谓佛教为世界一切宗教中最高尚之宗教，或谓佛法为世界一切哲学中最玄妙之哲学者，亦未为尽理。

因佛法是真能：

一、说明人生宇宙之所以然。

二、破除世间一切谬见，而与以正见。破除世间一切迷信，而与以正信。恶行，而与以正行。幻觉，而与以正觉。

三、包括世间各教各学之长处，而补其不足。

四、广被一切众生之机，而无所遗漏。

不仅中国，现今如欧美诸国人，正在热烈地研究及提倡。出版之佛教书籍及杂志等甚多。

故望已为佛教徒者，须彻底研究佛法之真理，而努力实行，俾不愧为佛教徒之名。其未信佛法者，亦宜虚心下气，尽力研究，然后于佛法再加以评论。此为余所希望者。

以上略说佛法大意毕。

又当地信士，因今日为菩萨诞，欲请解释南无观世音菩萨之义。兹以时间无多，惟略说之。

南无者，梵语。即皈依义。

菩萨者，梵语，为菩提萨埵之省文。菩提者觉，萨埵者众生。因菩萨以智上求佛法，以悲下化众生，故称为菩提萨埵。此以悲智二义解释，与前同也。

观世音者，为此菩萨之名。亦可以悲智二义分释。如《楞严经》云：由我观听十方圆明，故观音名遍十方界。约智言也。如《法华经》云：苦恼众生一心称名，菩萨即时观其音声，皆得解脱，以是名观世音。约悲言也。

戊寅年六月十九日在漳州七宝寺讲

切莫误解佛教

佛教传入中国，已有一千九百多年的历史，所以佛教与中国的关系非常密切。中国的文化、习俗，影响佛教，佛教也影响了中国文化习俗，佛教已成为我们自己的佛教。但佛教是来于印度，印度的文化特色，有些是中国人所不易明了的，受了中国习俗的影响，有些是不合佛教的本意的，所以佛教在中国，信佛法的与不相信佛法的人，对于佛教，每每有些误会，不明佛教本来的意义，发生错误的见解，因此相信佛法的人，不能正确的信仰，批评佛教的人，也不会批评到佛教本身，我觉得信仰佛教或者怀疑评论佛教的人，对于佛教的误解应该先要除去，才能真正地认识佛教，现在先提出几种重要一点来说，希望大家能有正确的见解。

一、由于佛教教义而来的误解

佛法的道理很深，有的人不明白深义，只懂得表面文章，随便听了几个名词，就这么讲，那么说，结果不合佛教本来的意思。最普遍的，如："人生是苦""出世间""一切皆空"等名词，这些当然是佛说的，而且是佛教重要的理论，但一般人很少能正确了解它，现在分别来解说：

（一）"人生是苦"。佛指示我们，这个人生是苦的，不明白其中的真义的人，就生起错误的观念，觉得我们这个人生毫无意思，因而引起消极悲观，对于人生应该怎样努力向上，就缺乏力量，这是一种被误解得最普遍的，社会一般每拿这消极悲观的名词，来批评佛教，而信仰佛教的，也每陷于消极悲观的错误，其实“人生是苦”这句话，绝不是那样的意思。

凡是一种境界，我们接触的时候，生起一种不合自己意趣的感受，引起苦痛忧虑，如以这个意思来说苦，说人都是苦的，是不够的，为什么呢？因为人生也有很多快乐事情，听到不悦耳的声音固然讨厌，可是听了美妙的音调，不就是欢喜吗！身体有病，家境困苦，亲人别离，当言是痛苦，然而身体健康，经济富裕，合家团圆，不是很快乐吗！无论什么事，苦乐都是相对的，假如遇到不如意的事，就说人生是苦，岂非偏见了。

那么，佛说人生是苦，这苦是什么意义呢？经上说：“无常故苦。”一切都无常，都会变化，佛就以无常变化的意思说人生都是苦的。譬如身体健康并不永久，会慢慢衰老病死，有钱的也不能永远保有，有时候也会变穷，权位势力也不会持久，最后还是会失掉。以变化无常的情形看来，虽有喜乐，但不永久，没有彻底，当变化时，苦痛就来了。所以佛说人生是苦，苦是有缺陷，不永久，没有彻底的意思。学佛的人，如不了解真义，以为人生既不圆满彻底，就引起消极悲观的态度，这是不对的，真正懂得佛法的，看法就完全不同，要知道佛说人生是苦这句话，是要我们知道现在这人生是不彻底、不永久的，知道以后可以造就一个永久圆满的人生。等于病人，必须先知道有病，才肯请医生诊治，病才会除去，身体就恢复健康一样。为什么人生不彻底、不永久而有苦痛呢？一定有苦痛的原因存在，知道了苦的原因，就会尽力把苦因消除，然后才可得到彻底圆满的安乐。所以佛不单单说人生是苦，还说苦有苦因，把苦因除了就可得到究竟安乐。学佛的应照佛所指示的方法去修学，把这不彻底、不圆满的人生改变过来，成为一个究竟圆满的人生。这个境界，佛法叫作常乐我净。

常是永久，乐是安乐，我是自由自在，净是纯洁清净。四个字合起来，就是永久的安乐，永久的自由，永久的纯洁，佛教最大的目标，不单说破人生是苦，而主要的是在于将这苦的人生改变过来（佛法名为“转依”），造成为永久安乐、自由自在、纯洁清净的人生。指示我们苦的原因在那里，怎样向这目标努力去修持。常乐我净的境地，即是绝对的最有希望的理想境界是我们人人都可达到的。这样怎能说佛教是消极悲观呢？

虽然，学佛的不一定能够人人都得到这顶点的境界，但知道了这个道理，真是好处无边。如一般人在困苦的时候，还知努力为善，等到富有起来，一切都忘记，只顾自己享福，糊糊涂涂走向错路。学佛的，不只在困苦时知道努力向上，就是享乐时也随时留心，因为快乐不是永久可靠，不好好向善努力，很快会堕落失败的。人生是苦,可以警觉我们不至于专门研究享受而走向错误的路,这也是佛说人生是苦的一项重要意义。

（二）“出世”。佛法说有世间、出世间，可是很多人误会了，以为世间就是我们住的那个世界，出世间就是到另外什么地方去，这是错了，我们每个人在这个世界，就是出了家也在这个世界。得道的阿罗汉、菩萨、佛都是出世间的圣人，但都是在这个世界救度我们，可见出世间的意思，并不是跑到另外一个地方去。

那么佛教所说的世间与出世间是什么意思呢？依中国向来所说，“世”有时间性的意思，如三十年为一世，西洋也有这个意思，叫一百年为一世纪。所以世的意思就是有时间性的，从过去到现在，现在到未来，在这一时间之内的叫“世间”。佛法也如此，可变化的叫世，在时间之中，从过去到现在，现在到未来，有到没有，好到坏，都是一直变化，变化中的一切，都叫世间；还有，世是蒙蔽的意思，一般人不明过去、现在、未来三世的因果，不知道从什么地方来，要怎样做人，死了要到哪里去，不知道人生的意义，宇宙的本性，糊糊涂涂在这三世因果当中，这就叫作“世间”。

怎样才叫出世呢？出是超过或胜过的意思，能修行佛法，有智慧，通达宇宙人生的真理，心里清净，没有烦恼，体验永恒真理就叫“出世”。佛菩萨都是在这个世界，但他们都是以无比智慧通达真理，心里清净，不像普通人一样。所以出世间这个名词，是要我们修学佛法的，进一步能做到人上之人，从凡夫做到圣人，并不是叫我们跑到另外一个世界去。不了解佛法出世的意义的人，误会佛教是逃避现实，因而引起不正当的批评。

（三）“一切皆空”。佛说一切皆空，有些人误会了，以为这样也空，那样也空，什么都空，什么都没有，横竖是没有，无意义，这才坏事干，好事也不做，糊糊涂涂地看破一点，生活下去就好了。其实佛法之中空的意义，是有着最高的哲理的，诸佛菩萨就是悟到空的真理者。空并不是什么都没有，反而是样样都有，世界是世界，人生是人生，苦是苦，乐是乐，一切都是现成的，佛法之中，明显地说到有邪、有正、有善，有恶、有因、有果，要弃邪归正，离恶向善，作善得善果，修行成佛。如果说什么都没有，那我们何必要学佛呢？既然因果、善恶，凡夫圣人样样都有，佛为什么说一切皆空？空是什么意义呢？因缘和合而成，没有实在的不变体，叫空。邪正善恶人生，这一切都不是一成不变实在的东西，皆是依因缘的关系才有的，因为是从因缘而产生，所以依因缘的转化而转化，没有实体所以叫空。举一个事实来说吧，譬如一个人对着一面镜子，就会有一个影子在镜里，怎会有那个影子呢？有镜有人还要借太阳或灯光才能看出影子，缺少一样便不成，所以影子是种种条件产生的，这不是一件实在的物体，虽然不是实体，但所看到的影子，是清清楚楚并非没有。一切皆空，就是依这个因缘所生的意义而说的，所以佛说一切皆空，同时即说一切因缘皆有，不但要体悟一切皆空，还要知道有因有果，有善有恶。学佛的，要从离恶行善、转迷启悟的学程中去证得空性，即空即有，二谛圆融：一般人以为佛法说空，等于什么都没有，是消极是悲观，这都是由于不了解佛法所引起的误会，非彻底纠正过来不可。

二、由于佛教制度而来的误解

佛教是从印度传来的，制度方面有一点儿不同。我国旧有的地方，例如出家与素食，不明了，亦不习惯的人，对此引起许许多多的误会。

（一）“出家”。出家为印度佛教的制度，我国社会，特别是儒家对他误解最大，在国内，每听人说，大家学佛，世界上的人都没有了，为什么呢？大家都出家了。没有夫妇儿女，还成什么社会？这是严重的误会，我常比喻说：如教师们教学生，那里教人人当教员去，成为教员的世界吗？这点在菲岛，不大会误会的，因为到处看得到的神父、修女，他们也是出家，但只是天主教徒中的少部分，并非信天主教的人，人人要当神父、修女。学佛的有出家弟子，有在家弟子，出家可以学佛，在家也可以学佛，出家可以修行了生死，在家也同样可以修行了生死，并不是学佛的人一定都要出家，绝不因大家学佛，就会毁灭人类社会。不过出家与在家，既然都可以修行了生死，为什么还要出家呢？因为要弘扬佛教，推动佛教，必须有少数人主持佛教。主持的顶好是出家人，既没有家庭负担，又不做其他种种工作，可以一心一意修行，一心一意弘扬佛法。佛教要存在这个世界，一定要有这种人来推动他，所以从来就有此出家的制度。

出家功德大吗？当然大，可是不能出家的，不必勉强，勉强出家有时不能如法，还不如在家，爬得高的，跌得更重，出家功德高大，但一不当心，堕落得更厉害，要能真切发心，勤苦修行为佛教牺牲自己，努力弘扬佛法，才不愧为出家。出家人是佛教中的核心分子，是推动佛教的主体；不婚嫁，西洋宗教也有这样制度。有许多科学、哲学家，为了学业，守独身主义，不为家庭琐事所累，而去为科学、哲学努力。佛教出家制，也就是摆脱世界欲累，而专心一意地为佛法。所以出家是大丈夫的事，要特别地勤苦，如随便出家，出家而不为出家事，那非但没有利益，反而有碍佛教，有的人，一学佛教想出家，似乎学佛非出家不可，不但自己误会了，也把其他人都吓住而不敢来学佛。这种思想——学佛就要出家，要不得，应认识出家不易，先做一良好在家居士为法修学，自利利他。如真能发大心，修出家行，献身佛教，再来出家，这样自己既稳当，对社会也不会发生不良影响。

与出家有关，附带说到两点，有的人看到佛寺广大庄严，清净幽美，于是羡慕出家人，以为出家人住在里面，有施主来供养，无须做工，坐享清福，如流传的“日高三丈犹未起”“不及僧家半日闲”之类，就是此种谬说，不知道出家人有出家人的事情要勇猛精进，自己修行时“初夜后夜，精勤佛道”。对信徒说法，应该四处游化，出去宣扬真理，过着清苦的生活，为众生为佛教而努力，自利利他，非常难得，所为僧宝，哪里是什么事都不做，坐享现成，坐等施主们来供养？这大概是出家者多，能尽出家人责任者少，所以社会有此误会吧！

有些反对佛教的人，说出家人什么都不做，为寄生社会的消费者，好像一点儿用处都没有。不知人不一定要从事农、工、商的工作，当教员、新闻记者，以及其他自由职业，也能说是消费者吗？出家人不是没有事做，过着清苦生活而且勇猛精进，所做的事，除自利而外，导人向善，重德行，修持，使信众的人格一天一天提高，能修行了生死，使人生世界得到大利益，怎能说是不做事的寄生者呢？出家人是宗教师，可说是广义而崇高的教育工作者，所以不懂佛法的人说，出家人清闲，或说出家人寄生消费，都不对。真正出家并不如此，应该并不清闲而繁忙，不是消耗而能报施主之恩。

（二）“吃素”。我们中国佛教徒，特别重视素食，所以学佛的人，每以为学佛就要吃素还不能断肉食的，就会说：看看日本、锡兰、缅甸、泰国或者我国的西藏、（内）蒙古的佛教徒，不要说在家信徒，连出家人也都是肉食的，你能说他们不学佛，不是佛教徒吗？不要误会学佛就得吃素，不能吃素就不能学佛，学佛与吃素并不是完全一致的，一般人看到有些学佛的，没有学到什么，只学会吃素，家庭里的父母、兄弟、儿女感觉讨厌，以为素食太麻烦。其实学佛的人，应该这样：学佛后，先要了解佛教的道理，在家庭社会，依照佛理做去，使自己的德行好，心里清净，使家庭中其他的人，觉得你在没学佛以前贪心大，嗔心很重，缺乏责任心与慈爱心，学佛后一切都变了，贪心淡，嗔恚薄，对人慈爱，做事更负责，使人觉得学佛在家庭社会上的好处。那时候要素食，家里的人不但不反对，反而生起同情心，渐渐跟你学。如一学佛就学吃素，不学别的，一定会发生障碍，引起讥嫌。

虽然学佛的人，不一定吃素，但吃素确是中国佛教良好的德行，值得提倡。佛教说素食可以养慈悲心，不忍杀害众生的命，不忍吃动物的血肉。不但减少杀生业障，而且对人类苦痛的同情心会增长。大乘佛法特别提倡素食，说素食对长养慈悲心有很大的功德。所以吃素而不能长养慈悲心，只是消极地戒杀，那还近于小乘呢！

以世间法来说，素食的利益极大，较经济，营养价值也高，可以减少病痛，现在世界上，有国际素食会的组织，无论何人，凡是喜欢素食都可以参加，可见素食是件好事，学佛的人更应该提倡，但必须注意的，就是不要把学佛的标准提得太高，认为学佛就非吃素不可。遇到学佛的人就会问：有吃素吗？为什么学佛这么久，还不吃素呢？这样把学佛与素食合一，对于弘扬佛法是有碍的。

三、对于佛教仪式而来的误解

不了解佛教的人，到寺里去看见礼佛念经、拜忏、早晚功课等等的仪式，不明白其中的真义，就说这些都是迷信。这里面问题很多，现在简单地说到下面几种：

（一）“礼佛”。入寺拜佛，拿香、花、灯烛来供佛，西洋神教徒，说我们是拜偶像，是迷信，其实佛是我们的教主，是人而进达究竟圆满的圣者，大菩萨们也是快要成佛的人，这是我们的皈依处，是我们的领导者，尊重佛菩萨，当有所表示，好像恭敬父母必须有礼貌一样。佛在世的时候，没有问题，可以直接对他表示恭敬。可是现在释迦佛已入涅槃了，还有他方世界的佛菩萨，都不在我们这个世界，不得不用纸画、泥塑、木头石块来雕刻他们的形象，作为恭敬礼拜的对象，因为这是表示佛菩萨的形象，我们才要恭敬礼拜他，并不因为他是纸、土、木、石。如我们敬爱我们的国家，要怎样表示尊敬呢？用颜色布做成国旗，当升旗的时候，恭恭敬敬向国旗行礼，我们能否说这是迷信的行为？

天主教也有像，基督教虽没有神像，但也有十字架作为敬礼的对象，有的还跪下祷告，这与拜佛有何差别呢？说佛教礼佛为拜偶像，这是西洋神教徒对我们礼佛的意义不够理解。

至于香花灯烛呢？佛在世时，在印度是用这些东西来供养佛的，灯烛是表示光明，香花是表示芬香清洁，信佛礼佛，一方面用这些东西来供养佛以表示虔敬，一方面即表示从佛得到光明清净，并不是献花烧香，使佛闻得香味、点灯点烛佛才能看到一切，西洋宗教，尤其是天主教，还不是用这些东西吗？这本是一般宗教的共同仪式。礼佛要恭敬虔诚，礼佛的时候，要观想为真正的佛。如果一面拜，一面想东想西，或者讲话，那是大不敬，失掉了礼佛的意义。

（二）“礼忏”。佛教徒礼忏诵经，异教徒，及非宗教者，也常常误以为迷信。不知道“忏”印度话叫忏摩，是自己做错了以后，承认自己错误的意思，因为一个人，在过去世以及现生中，谁都做过种种错事，犯有种种的罪恶，留下招引苦难，障碍修道解脱的业力，为了减轻及消除障碍苦难的业力，所以在佛菩萨前，众僧前，承认自己的错误，以消除自己的业障。佛法有礼忏的法门，这等于耶教的悔改，在宗教的进修上是非常重要的。忏悔要自己忏，内心真切地忏，才合乎佛教的意思。

一般人不会忏悔要怎么办呢？古代祖师就编集忏悔的仪规，教我们一句一句念诵，口诵心思，也就是知道里面的意义，忏悔自己的罪业了，忏仪中教我们怎样地礼佛，求佛菩萨慈悲加护，承认自己的错误，知道杀生、偷盗、邪淫等的不是，一心发愿改往修来，这些都是过去祖师们教我们忏悔的仪规（耶教也有耶稣示范的祷告文），但主要还是要从心里发出真切的悔改心。

有些人，连现成的仪规也不会念诵，就请出家人领导着念，慢慢地自己不知道忏悔，专门请出家人来为自己礼忏了，有的父母、眷属去世了为要借三宝的恩威，来消除父母、眷属的罪业，也请出家人来礼忏，以求亡者的超升，然而如不明佛法本意，为了铺排门面，为了民间风俗，只是费几个钱，请几个出家人来礼忏做功德，而自己或不信佛法，或者自己毫无忏悔恳切的诚意，那是失掉忏礼的意义了。

佛教到了后来，忏悔的意义模糊了。学佛的自己不忏，事无大小都请出家人，弄得出家人为了佛事忙，今天为这家礼忏，明天为那家做功德，有的寺院，天天以佛事为唯一事业；出家人主要事业，放弃不管，这难怪佛教要衰败了，所以忏悔主要是自己，如果自己真真切切地忏悔，甚至是一小时的忏悔，也是超过请了许多人，做几天佛事的功德。了解这个道理，如对父母要尽儿女的孝心，那么为自己父母礼忏的功德很大。因为血缘相通，关系密切的缘故。不要把礼忏、做功德，当作出家人的职业，这不但毫无好处只有增加世俗的毁谤与误会。

（三）“课诵”。学佛的人，在早晚诵经念佛，在佛教里面叫课诵。基督教早晚及饮食时候有祷告，天主教徒早晚也要诵经，这种宗教行仪，本来没有什么问题，不过为了这件事情，有几位问我：“不学佛还好，一学佛问题就大了，我的母亲早上晚上一做功课，就要一两个钟头，如学佛的都这样，家里的事情简直没有办法推动了。”在一部分的居士间，确有这种情形，使人误会佛教为老年有闲的佛教，非一般人所宜学。其实，早晚课诵，并不是一定诵什么经，念什么佛，也不一定诵持多久，可以随心所欲依实际情形而定时间，主要的须称“念三皈依”，十愿也是重要的。日本从中国传去的佛教、净土宗、天台宗、密宗等都各有自宗的功课，简要而不费多少时间，这还是唐、宋时代的佛教情况。我们中国近代的课诵，一（来）是丛林所用的，丛林住了几百人，集合一次就须费好长时间，为适应这特殊环境所以课诵较长。二（来）元、明以来佛教趋向混合，于是编集的课诵仪规，具备各种内容，适合不同宗派的修学。其实在家居士，不一定要如此。从前印度大乘行人，每天六次行五悔法，时间短些不要紧，次数不妨增多。终之学佛，不只是念诵仪规，在家学佛，绝不可因功课繁长而影响家庭的工作。

（四）“烧纸”。古代中国祭祖时有焚帛风俗，烧一点儿绸缎，给祖先享用。后来为了简省就改用纸来代替，到后代做成钱，元宝钞票，甚至于扎房子、汽车来焚化，这些都是古代传来的风俗习惯，演变而成，不是佛教里面所有的。

这些事情，也有一点好处，就是做儿女的对父母表示一点儿孝意。自己饮食，想到父母祖先，自己住屋穿衣，想到祖先，不忘记父祖的恩德，有慎终追远的意义。佛教传来中国，适应中国，方便地与念经礼佛合在一起，但是在儒家“送死为大事”及“厚葬”的风气下，不免铺张浪费，烧得越多越好，这才引起近代人士的批评，而佛教也被认为是迷信浪费了。佛教徒明白这个意义，最好不要烧纸箔等，佛教里并没有这些。如果为了要纪念先人，象征地少烧一点儿，不要拿到寺庙里去烧，免得佛教为我们受罪。

（五）“抽签，问卜扶乩”。有些佛寺中，有抽签、问卜甚至有扶乩等举动，引起社会的讥嫌，指为迷信。其实纯正的佛教，不容许此种行为（有没有效验，是另外一件事）。真正学佛的，只相信因果。如果过去及现在作有恶业，绝不能有趋吉避凶的方法可以避免。修善得善果，作恶将来避不了恶报，要得到善的果报，就得多做有功德的事情。佛弟子只知道多做善事，一切事情，如法合理地做去，绝不使用投机取巧的下劣作风。这几样都与佛教无关，佛弟子真的信仰佛教，应绝对避免这些低级的宗教行为。

四、由于佛教现况而来的误解

一般中国人，不明了佛教，不明了佛教的国际情形，专以中国佛教的现况，随便批评佛教。下面便是常听到两种：

（一）“信仰佛教的国家就会衰亡”。他们以为印度是因信佛才亡国的，他们要求中国富强，于是武断地认为不能信仰佛教，其实这是完全错误的。研究过佛教历史的都知道，过去印度最强盛时代，便是佛教最兴盛时代，那时候，孔雀王朝的阿育王统一印度，把佛教传播到全世界。后来婆罗门教复兴，摧残佛教，印度也就日见纷乱。当印度为回教及大英帝国灭亡时，佛教已经衰败甚至没有了。中国历史上，也有这种实例。现在称华侨为唐人、中国为唐山，就可见到中国唐朝国势的强盛，那个时候，恰是佛教最兴盛的时代，唐武宗破坏佛教，也就使唐代衰落了。唐以后，宋太祖、太宗、真宗、仁宗都崇信佛教，也就是宋朝兴盛的时期。明太祖本身是出过家的，太宗也非常信佛，不都是政治修明，国力隆盛的时代吗！日本现在虽然失败了，但在明治维新之后挤入世界强国之列，他们大都是信奉佛教的，信佛谁说能使国家衰弱？所以从历史看来国势强盛时代正是佛教兴盛的时代。为什么希望现代的中国富强，而反对提倡佛教呢！

（二）“佛教对社会没有益处”。近代中国人士，看到天主教、基督教办有学校医院等，而佛教少有举办，就认为佛教是消极，不做有利社会的事业，与社会无益，这是错误的论调，最多只能说，近代中国佛教徒不努力，不尽责，绝不是佛教要我们不做。过去的中国佛教，也办有慈善事业，现代的日本佛教徒，办大学、中学等很多，出家人也多有任大学与中学的校长与教授，慈善事业，也由寺院僧众来主办。特别在锡兰、缅甸、泰国的佛教徒，都能与教育保持密切的关系，兼办慈善事业。所以不能说佛教不能给予社会以实利，而只能说中国佛教徒没有尽了佛弟子的责任，应该多从这方面努力，才会更合乎佛教救世的本意，使佛教发达起来。

中国一般人士，对于佛教的误解还多得很，今天所说的，是比较普遍的，希望大家知道了这些意义，做一个有纯正信仰的佛教徒，至少也能够清除一下对佛教的误会，使纯正佛教的本意发扬出来。否则看来信仰佛教极其虔诚，而实包含了种种错误，信得似是而非，这也难怪社会的讥嫌了。

佛法十疑略释

欲挽救今日之世道人心，人皆知推崇佛法。但对于佛法而起之疑问，亦复不少。故学习佛法者，必先解释此种疑问，然后乃能着手学习。以下所举十疑及解释，大半采取近人之说而叙述之，非是讲者之创论。所疑固不限此，今且举此十端耳。

一、佛法非迷信

近来知识分子，多批评佛法谓之迷信。

我辈详观各地寺庙，确有特别之习惯及通俗之仪式，又将神仙鬼怪等混入佛法之内，谓是佛法正宗。既有如此奇异之现象，也难怪他人谓佛法是迷信。

但佛法本来面目则不如此，决无崇拜神仙鬼怪等事。其仪式庄严，规矩整齐，实超出他种宗教之上。又佛法能破除世间一切迷信而与以正信，岂有佛法即是迷信之理。

故知他人谓佛法为迷信者，实由误会。倘能详察，自不致有此批评。

二、佛法非宗教

或有人疑佛法为一种宗教，此说不然。

佛法与宗教不同，近人著作中常言之，兹不详述。应知佛法实不在宗教范围之内也。

三、佛法非哲学

或有人疑佛法为一种哲学，此说不然。哲学之要求，在求真理，以其理智所推测而得之某种条件即谓为真理。其结果，有一元、二元、唯心种种之说。甲以为理在此，乙以为理在彼，纷纭扰攘，相非相谤。但彼等无论如何尽力推测，总不出于错觉一途。譬如盲人摸象，其生平未曾见象之形状，因其所摸得象之一部分，即谓是为象之全体。故或摸其尾便谓象如绳，或摸其背便谓象如床，或摸其胸便谓象如地。虽因所摸处不同而感觉互异，总而言之，皆是迷惑颠倒之见而已。

若佛法则不然，譬如明眼人能亲见全象，十分清楚，与前所谓盲人摸象者迥然不同。因佛法须亲证“真如”，了无所疑，决不同哲学家之虚妄测度也。

何谓“真如”之意义？真真实实，平等一如，无妄情，无偏执，离于意想分别，即是哲学家所欲了知之宇宙万有之真相及本体也。夫哲学家欲发明宇宙万有之真相及本体，其志诚为可嘉。第太无方法，致枉费心力而终不能达到耳。

以上所说之佛法非宗教及哲学，仅略举其大概。若欲详知者，有南京支那内学院出版之《佛法非宗教非哲学》一卷，可自详研，即能洞明其奥义也。

四、佛法非违背于科学

常人以为佛法重玄想，科学重实验，遂谓佛法违背于科学。此说不然。

近代科学家持实验主义者，有两种意义。

一是根据眼前之经验，彼如何即还彼如何，毫不加以玄想。

二是防经验不足恃，即用人力改进，以补通常经验之不足。

佛家之态度亦尔，彼之“戒”“定”“慧”三无漏学，皆是改进通常之经验。但科学之改进经验重在客观之物件，佛法之改进经验重在主观之心识。如人患目病，不良于视，科学只知多方移置其物以求一辨，佛法则努力医治其眼以求复明。两者虽同为实验，但在治标治本上有不同耳。

关于佛法与科学之比较，若欲详知者，乞阅上海开明书店代售之《佛法与科学之比较研究》。著者王小徐，曾留学英国，在理工专科上迭有发现，为世界学者所推重。近以其研究理工之方法，创立新理论解释佛学，因著此书也。

五、佛法非厌世

常人见学佛法者，多居住山林之中，与世人罕有往来，遂疑佛法为消极的、厌世的。此说不然。

学佛法者，固不应迷恋尘世以贪求荣华富贵，但亦绝非是冷淡之厌世者。因学佛法之人皆须发“大菩提心”，以一般人之苦乐为苦乐，抱热心救世之弘愿，不唯非消极，乃是积极中之积极者。虽居住山林中，亦非贪享山林之清福，乃是勤修“戒”“定”“慧”三学以预备将来出山救世之资具耳。与世俗青年学子在学校读书为将来任事之准备者甚相似。

由是可知谓佛法为消极厌世者，实属误会。

六、佛法非不宜于国家之兴盛

近来爱国之青年，信仰佛法者少。彼等谓佛法传自印度，而印度因此衰亡，遂疑佛法与爱国之行动相妨碍。此说不然。

佛法实能辅助国家，令其兴盛，未尝与爱国之行动相妨碍。印度古代有最信仰佛法之国王，如阿育王、戒日王等，以信佛故，而统一兴盛其国家。其后婆罗门等旧教复兴，佛法渐无势力，而印度国家乃随之衰亡，其明证也。

七、佛法非能灭种

常人见僧尼不婚不嫁，遂疑人人皆信佛法必致灭种。此说不然。

信佛法而出家者，乃为僧尼，此实极少之数。以外大多数之在家信佛法者，仍可婚嫁如常。佛法中之僧尼，与他教之牧师相似，非是信徒皆应为牧师也。

八、佛法非废弃慈善事业

常人见僧尼唯知弘扬佛法，而于建立大规模之学校、医院、善堂等利益社会之事未能努力，遂疑学佛法者废弃慈善事业。此说不然。

依佛经所载，布施有二种，一曰财施，二曰法施。出家之佛徒，以法施为主，故应多致力于弘扬佛法，而以余力提倡他种慈善事业。若在家之佛徒，则财施与法施并重，故在家居士多努力做种种慈善事业，近年以来各地所发起建立之佛教学校、慈儿院、医院、善堂、修桥、造凉亭乃至施米、施衣、施钱、施棺等事，皆时有所闻，但不如他教仗外国慈善家之财力所经营者规模阔大耳。

九、佛法非是分利

近今经济学者，谓人人能生利，则人类生活发达，乃可共享幸福。因专注重于生利。遂疑信仰佛法者，唯是分利而不生利，殊有害于人类，此说亦不免误会。

若在家人信仰佛法者，不碍于职业，士农工商皆可为之。此理易明，可毋庸议。

若出家之僧尼，常人观之，似为极端分利而不生利之寄生虫。但僧尼亦何尝无事业，僧尼之事业即是弘法利生。倘能教化世人，增上道德，其间接直接有真实大利益于人群者正无量矣。

十、佛法非说空以灭人世

常人因佛经中说“五蕴皆空”“无常苦空”等，因疑佛法只一味说空。若信佛法者多，将来人世必因之而消灭。此说不然。

大乘佛法，皆说空及不空两方面。虽有专说空时，其实亦含有不空之义。故须兼说空与不空两方面，其义乃为完足。

何谓空及不空。空者是无我，不空者是救世之事业。虽知无我，而能努力做救世之事业，故空而不空。虽努力做救世之事业，而决不执着有我，故不空而空。如是真实了解，乃能以无我之伟大精神，而做种种之事业无有障碍也。

又若能解此义，即知常人执着我相而做种种救世事业者，其能力薄，范围小，时间促，不彻底。若欲能力强，范围大，时间久，最彻底者，必须于佛法之空义十分了解，如是所做救世事业乃能圆满成就也。

故知所谓空者，即是于常人所执着之我见打破消灭，一扫而空，然后以无我之精神，努力切实做种种之事业。亦犹世间行事，先将不良之习惯等一一推翻，然后良好之建设乃得实现。

信能如此，若云牺牲，必定真能牺牲；若云救世，必定真能救世。由是坚坚实实，勇猛精进而做去，乃可谓伟大，乃可谓彻底。

所以真正之佛法先须向空上立脚，而再向不空上做去。岂是一味说空而消灭人世耶！

以上所说之十疑及释义，多是采取近人之说而叙述其大意。诸君闻此，应可免除种种之误会。

若佛法中之真义，至为繁广，今未能详说。惟冀诸君从此以后，发心研究佛法，请购佛书，随时阅览，久之自可洞明其义。是为余所厚望焉。

戊寅十月六日在安海金墩宗祠讲

佛法宗派大概

关于佛法之种种疑问，前已略加解释。诸君既无所疑惑，思欲着手学习，必须先了解佛法之各种宗派乃可。

原来佛法之目的，是求觉悟，本无种种差别。但欲求达到觉悟之目的地以前，必有许多途径。而在此途径上，自不妨有种种宗派之不同也。

佛法在印度古代时，小乘有各种部执，大乘虽亦分“空”“有”二派，但未别立许多门户。吾国自东汉以后，除将印度所传来之佛法精神完全承受外，并加以融化光大，于中华民族文化之伟大悠远基础上，更开展中国佛法之许多特色。至隋唐时，便渐成就大小乘各宗分立之势。今且举十宗而略述之。

一、律宗又名南山宗

唐终南山道宣律师所立。依《法华经》《涅槃经义》，而释通小乘律，立圆宗戒体正属出家人所学，亦明在家五戒、八戒义。

唐时盛，南宋后衰，今渐兴。

二、俱舍宗

依俱舍论而立。分别小乘名相甚精，为小乘之相宗。欲学大乘法相宗者固应先学此论，即学他宗者亦应以此为根底，不可以其为小乘而轻忽之也。

陈隋唐时盛弘，后衰。

三、成实宗

依成实论而立。为小乘之空宗，微似大乘。

六朝时盛，后衰，唐以后殆罕有学者。

以上二宗，即依二部论典而形成，并由印度传至中土。虽号称宗，然实不过二部论典之传持授受而已。

以上二宗属小乘，以下七宗皆是大乘，律宗则介于大小之间。

四、三论宗（又名性宗，又名空宗）

三论者，即中论、百论、十二门论，是三部论皆依般若经而造。姚秦时，龟兹国鸠摩罗什三藏法师来此土弘传。

唐初犹盛，以后衰。

五、法相宗（又名慈恩宗，又名有宗）

此宗所依之经论，为《解深密经》《瑜伽师地论》等。唐玄奘法师盛弘此宗。又糅合印度十大论师所著之唯识三十颂之解释而编纂成《唯识论》十卷，为此宗著名之典籍。此宗最要，无论学何宗者皆应先学此以为根底也。

唐中叶后衰微，近复兴，学者甚盛。

以上二宗，印度古代有之，即所谓“空”“有”二派也。

六、天台宗（又名法华宗）

六朝时此土所立，以《法华经》为正依。至隋智者大师时极盛。其教义，较前二宗为玄妙。

隋唐时盛，至今不衰。

七、华严宗（又名贤首宗）

唐初此土所立，以《华严经》为依。至唐贤首国师时而盛，至清凉国师时而大备。此宗最为广博，在一切经法中称为教诲。

宋以后衰，今殆罕有学者，至可惜也。

八、禅宗

梁武帝时，由印度达摩尊者传至此土。斯宗虽不立文字，直明实相之理体。而有时却假用文字上之教化方便，以弘教法。如《金刚》《楞伽》二经，即是此宗常所依用者也。

唐宋时甚盛，今衰。

九、密宗（又名真言宗）

唐玄宗时，由印度善无畏三藏、金刚智三藏先后传入此土。斯宗以《大日经》《金刚顶经》《苏悉地经》三部为正所依。

元后即衰，近年再兴，甚盛。

在大乘各宗中，此宗之教法最为高深，修持最为真切。常人未尝穷研，辄轻肆毁谤，至堪痛叹。余于十数年前，唯阅密宗仪轨，亦尝轻致疑议。以后阅《大日经疏》，乃知密宗教义之高深，因痛自忏悔。愿诸君不可先阅仪轨，应先习经教，则可无诸疑惑矣。

十、净土宗

始于晋慧远大师，《依无量寿经》《观无量寿佛经》《阿弥陀经》而立。三根普被，甚为简易，极契末法时机。明季时，此宗大盛。至于近世，尤为兴盛，超出各宗之上。

以上略说十宗大概已竟。大半是摘取近人之说以叙述之。

就此十宗中，有小乘、大乘之别。而大乘之中，复有种种不同。吾人于此，万不可固执成见，而妄生分别。因佛法本来平等无二，无有可说，即佛法之名称亦不可得。于不可得之中而建立种种差别佛法者，乃是随顺世间众生以方便建立。因众生习染有浅深，觉悟有先后。而佛法亦依之有种种差别，以适应之。譬如世间患病者，其病症千差万别，须有多种药品以适应之，其价值亦低昂不等。不得仅尊其贵价者，而废其他廉价者。所谓药无贵贱，愈病者良。佛法亦尔，无论大小权实渐顿显密，能契机者，即是无上妙法也。故法门虽多，吾人宜各择其与自己根机相契合者而研习之，斯为善矣。

戊寅十月七日在安海金墩宗祠讲

佛法学习初步

佛法宗派大概，前已略说。

或谓高深教义，难解难行，非利根上智不能承受。若我辈常人欲学习佛法者，未知有何法门，能使人人易解，人人易行，毫无困难，速获实益耶?

案佛法宽广，有浅有深。故古代诸师，皆判“教相”以区别之。依唐圭峰禅师所撰《华严原人论》中，判立五教：

一、人天教。

二、小乘教。

三、大乘法相教。

四、大乘破相教。

五、一乘显性教。

以此五教，分别浅深。若我辈常人易解易行者，唯有“人天教”也。其他四教，义理高深，甚难了解。即能了解，亦难实行。故欲普及社会，又可补助世法，以挽救世道人心，应以“人天教”最为合宜也。

人天教由何而立耶?

常人醉生梦死，谓富贵贫贱吉凶祸福皆由命定，不解因果报应。或有解因果报应者，亦唯知今生之现报而已。若如是者，现生有恶人富而善人贫，恶人寿而善人夭，恶人多子孙而善人绝嗣，是何故欤？因是佛为此辈人，说三世业报，善恶因果，即是人天教也。今就三世业报及善恶因果分为二章详述之。

一、三世业报

三世业报者，现报、生报、后报也。

（一）现报：今生作善恶，今生受报。

（二）生报：今生作善恶，次一生受报。

（三）后报：今生作善恶，次二、三生乃至未来多生受报。

由是而观，则恶人富、善人贫等，决不足怪。吾人唯应力行善业，即使今生不获良好之果报，来生、再来生等必能得之。万勿因行善而反遇逆境，遂妄谓行善无有果报也。

二、善恶因果

善恶因果者，恶业、善业、不动业此三者是其因，果报有六，即六道也。

恶业善业，其数甚多，约而言之，各有十种，如下所述。不动业者，即修习上品十善，复能深修禅定也。

今以三因六果列表如下：

（一）恶业

1. 上品——地狱。

2. 中品——畜生。

3. 下品——鬼。

（二）善业

1. 上品——阿修罗。

2. 中品——人。

3. 下品——欲界天。

（三）不动业

1. 上品——色界天。

2. 下品——无色界天。

欲界天、色界天、无色界天，为天。地狱、畜生、鬼、阿修罗、人、天，为六道。

今复举恶业、善业别述如下：

恶业有十种。

（一）杀生。

（二）偷盗。

（三）邪淫。

（四）妄言。

（五）两舌。

（六）恶口。

（七）绮语。

（八）悭贪。

（九）嗔恚。

（十）邪见。

造恶业者，因其造业重轻，而堕地狱、畜生、鬼道之中。受报既尽，幸生人中，犹有余报。今依《华严经》所载者，录之如下。若诸“论”中，尚列外境多种，今不别录。

（一）杀生——短命、多病。

（二）偷盗——贫穷、其财不得自在。

（三）邪淫——妻不贞良、不得随意眷属。

（四）妄言——多被诽谤、为他所诳。

（五）两舌——眷属乖离、亲族弊恶。

（六）恶口——常闻恶声、言多诤讼。

（七）绮语——言无人受、语不明了。

（八）悭贪——心不知足、多欲无厌。

（九）嗔恚——常被他人求其长短、恒被于他之所恼害。

（十）邪见——生邪见家、其心谄曲。

善业有十种。下列不杀生等，止恶即名为善。复依此而起十种行善，即救护生命等也。

（一）不杀生：救护生命。

（二）不偷盗：给施资财。

（三）不邪淫：遵修梵行。

（四）不妄言：说诚实言。

（五）不两舌：和合彼此。

（六）不恶口：善言安慰。

（七）不绮语：做利益语。

（八）不悭贪：常怀舍心。

（九）不嗔恚：恒生慈悯。

（十）不邪见：正信因果。

造善业者，因其造业轻重而生于阿修罗人道欲界天中。所感之余报，与上所列恶业之余报相反。如不杀生则长寿无病等类推可知。

由是观之，吾人欲得诸事顺遂，身心安乐之果报者，应先力修善业，以种善因。若唯一心求好果报，而决不肯种少许善因，是为大误。譬如农夫，欲得米谷，而不种田，人皆知其为愚也。故吾人欲诸事顺遂，身心安乐者，须努力培植善因。将来或迟或早，必得良好之果报。古人云："祸福无不自己求之者"，即是此意也。

以上所说，乃人天教之大义。

唯修人天教者，虽较易行，然报限人天，非是出世。故古今诸大善知识，尽力提倡"净土法门"，即前所说之佛法宗派大概中之"净土宗"。令无论习何教者，皆兼学此"净土法门"，即能获得最大之利益。"净土法门"虽随宜判为"一乘圆教"，但深者见深，浅者见浅，即唯修人天教者亦可兼学，所谓"三根普被"也。

在此讲说三日已竟。以此功德，惟愿世界安宁，众生欢乐，佛日增辉。

戊寅十月八日在安海金墩宗祠讲

佛教之简易修持法

我到永春的因缘，最初发起，是在三年之前。性愿老法师常常劝我到此地来，又常提起普济寺是如何如何地好。

两年以前的春天，我在南普陀讲律圆满以后，妙慧师便到厦门请我到此地来。那时因为学律的人要随行的太多，而普济寺中设备未广，不能够收容，不得已而中止。是为第一次欲来未果。

是年的冬天，有位善兴师，他持着永春诸善友一张请帖，到厦门万石岩去，要接我来永春。那时因为已先应了泉州草庵之请，故不能来永春。是以第二次没有来成。

去年的冬天，妙慧师再到草庵来接。本想随请前来，不意过泉州时，又承诸善友挽留，不得已而延期至今春。是为第三次也没有来成。

直至今年半个月以前，妙慧师又到泉州劝请，是为第四次。因大众既然有如此的盛意，故不得不来。其时在泉州各地讲经，很是忙碌，因此又延搁了半个多月。今得来到贵处，和诸位善友相见，我心中非常欢喜。自三年前就想到此地来，屡次受了事情所阻，现在得来，满其多年的夙愿，更可说是十分地欢喜了。

今天承诸位善友请我演讲。我以为谈玄说妙，虽然极为高尚，但于现在行持终觉了不相涉。所以今天我所讲的，且就常人现在即能实行的，约略说之。

因为专尚谈玄说妙，譬如那饥饿的人，来研究食谱，虽山珍海味之名，纵横满纸，如何能够充饥。倒不如现在得到几种普通的食品，即可入口。得充一饱，才于实事有济。

以下所讲的，分为三段。

一、深信因果

因果之法，虽为佛法入门的初步，但是非常重要，无论何人皆须深信。何谓因果？因者好比种子，下在田中，将来可以长成为果实。果者譬如果实，自种子发芽，渐渐地开花结果。

我们一生所作所为，有善有恶，将来报应不出下列：

桃李种，长成为桃李——作善报善。

荆棘种，长成为荆棘——作恶报恶。

所以我们要避凶得吉，消灾得福，必须要厚植善因，努力改过迁善，将来才能够获得吉祥福德之好果。如果常作恶因，而要想免除凶祸灾难，哪里能够得到呢？

所以第一要劝大众深信因果了知善恶报应，一丝一毫也不会差的。

二、发菩提心

“菩提”二字是印度的梵语，翻译为“觉”，也就是成佛的意思。发者，是发起，故发菩提心者，便是发起成佛的心。为什么要成佛呢？为利益一切众生。须如何修持乃能成佛呢？须广修一切善行。以上所说的，要广修一切善行，利益一切众生，但须如何才能够彻底呢？须不着我相。所以发菩提心的人，应发以下之三种心：

（一）大智心：不着我相。此心虽非凡夫所能发，亦应随分观察。

（二）大愿心：广修善行。

（三）大悲心：救众生苦。

又发菩提心者，须发以下所记之四弘誓愿：

（一）众生无边誓愿度：菩提心以大悲为体，所以先说度生。

（二）烦恼无尽誓愿断：愿一切众生，皆能断无尽之烦恼。

（三）法门无量誓愿学：愿一切众生，皆能学无量之法门。

（四）佛道无上誓愿成：愿一切众生，皆能成无上之佛道。

或疑烦恼以下之三愿，皆为我而发，如何说是愿一切众生？这里有两种解释：一就浅来说，我也就是众生中的一人，现在所说的众生，我也在其内。再进一步言，真发菩提心的，必须彻悟法性平等，决不见我与众生有什么差别，如是才能够真实和菩提心相应。所以现在发愿，说愿一切众生，有何妨耶！

三．专修净土

既然已经发了菩提心，就应该努力地修持。但是佛所说的法门很多，深浅难易，种种不同。若修持的法门与根器不相契合的，用力多而收效少。倘与根器相契合的，用力少而收效多。在这末法之时，大多数众生的根器，和哪一种法门最相契合呢？说起来只有净土宗。因为泛泛修其他法门的，在这五浊恶世，无佛应现之时，很是困难。若果专修净土法门，则依佛大慈大悲之力，往生极乐世界，见佛闻法，速证菩提，比较容易得多。所以龙树菩萨曾说，前为难行道，后为易行道，前如陆路步行，后如水道乘船。

关于净土法门的书籍，可以首先阅览者，《初机净业指南》《印光法师嘉言录》《印光法师文钞》等。依此就可略知净土法门的门径。

近几个月以来，我在泉州各地方讲经，身体和精神都非常地疲劳。这次到贵处来，匆促演讲，不及预备，所以本说未能详尽之处。希望大众原谅。

已卯四月十六日在永春桃源殿讲

律学要略

我出家以来，在江浙一带并不敢随便讲经或讲律，更不敢赴什么传戒的道场，其缘故是因个人感觉学力不足。三年来在闽南虽曾讲过些东西，自心总觉非常惭愧。这次本寺诸位长者再三地唤我来参加戒期盛会，情不可却，故今天来与诸位谈谈，但因时间匆促，未能预备，又缺少参考书，兼以个人精神衰弱，拟在此共讲三天。今天先专为求授比丘戒者讲些律宗历史，他人旁听，虽不能解，亦是种植善根之事。

为比丘者应先了知戒律传入此土之因缘，及此土古今律宗盛衰之大概。由东汉至曹魏之初，僧人无归戒之举，唯剃发而已。魏嘉平年中，天竺僧人传法时到中土，乃立羯磨受法，是为戒律之始。当是时可算是真实传授比丘戒的开始，渐渐达至繁盛时期。

大部之广律，最初传来的是《十诵律》，翻译斯部律者，系姚秦时的鸠摩罗什法师，庐山净宗初祖远公法师亦竭力劝请赞扬。六朝时此律最盛于南方。其次翻译的是《四分律》，时期和《十诵律》相去不远，但迟至隋朝乃有人弘扬提倡，至唐初乃大盛。第三部是《僧祇律》，东晋时翻译的，六朝时北方稍有弘扬者。刘宋时继《僧祇律》后，有《五分律》，翻译斯律之人，即是译六十卷《华严经》者，文精而简，道宣律师甚赞，可惜罕有人弘扬。至其后《有部律》，乃唐武则天时义净法师的译著，即是西藏一带最通行的律。当初义净法师在印度有二十余年的历史，博学强记，贯通律学精微，非印度之其他僧人所能及，实空前绝后的中国大律师。义净回国，翻译终毕，他年亦老了，不久即圆寂，以后无有人弘扬，可惜！可惜！此外诸部律论甚多，不遑枚举。

关于《有部律》，我个人起初见之甚喜，研究多年；以后因朋友劝告即改研《南山律》，其原因是《南山律》依《四分律》而成，又稍有变化，能适合吾国僧众之根器故。现在我即专就《四分律》之历史大略说些。

唐代是《四分律》最盛时期，以前所弘扬的是《十诵律》，《四分律》少人弘扬，至唐初《四分律》学者乃盛，共有三大派：（一）《相部律》，依法砺律师为主；（二）《南山律》，以道宣律师为主；（三）《东塔律》，依怀素律师为主。法砺律师在道宣之前，道宣曾就学于他。怀素律师在道宣之后，亦曾亲近法砺、道宣二律师。斯律虽有三大派之分，最盛行于世的可算《南山律》了。南山律师著作浩如渊海，其中《行事钞》最负盛名，是时任何宗派之学者皆须研《行事钞》，自唐至宋，解者六十余家，唯灵芝元照律师最胜，元照律师尚有许多其他经律的注释。元照后，律学渐渐趋于消沉，罕有人发心弘扬。

南宋后禅宗益盛，律学更无人过问，所有唐宋诸家的律学撰述数千卷悉皆散失；遗至清初，唯存《南山随机羯磨》一卷，如是观之，大足令人兴叹不已！明末清初有蕅益、见月诸大师等欲重兴律宗，但最可憾者，是唐宋古书不得见。当时蕅益大师著述有《毗尼事义集要》，初讲时人数已不多，以后更少，结果成绩颓然。见月律师弘律颇有成绩，撰述甚多，有解随机羯磨者，毗尼作持，与南山颇有不同之处，因不得见南山著作故！此外尚有最负盛名的《传戒正范》一部，从明末至今，传戒之书独此一部，传戒尚存之一线曙光，唯赖此书；虽与南山之作未能尽合，然其功甚大，不可轻视；但近受戒仪轨，又依此稍有增减，亦不是见月律师《传戒正范》之本来面目了。

南宋至清七百余年，关于唐宋诸家律学撰述，可谓无存；清光绪末年乃自日本请还唐宋诸家律书之一部分，近十余年间，在天津已刊者数百卷。此外《续藏经》中所收尚未另刊者犹有数百卷。

今后倘有人发心专力研习弘扬，可以恢复唐代之古风，凡蕅益、见月等所欲求见者今悉俱在；我们生于此时候，实比蕅益、见月诸大师幸福多多。

但学律非是容易的事情，我虽然学律近二十年，仅可谓为学律之预备，窥见了少许之门径；再预备数年，乃可着手研究，以后至少须研究二十年，乃可稍有成绩。奈我现在老了，恐不能久住世间，很盼望你们有人能发心专学戒律，继我所未竟之志，则至善矣。

我们应知道：现在所流通之《传戒正范》，非是完美之书，何况更随便增减，所以必须今后恢复古法乃可；此皆你们的责任，我甚希望大家共同勉励进行！

今天续讲三皈、五戒，乃至菩萨戒之要略。

三皈、五戒、八戒、沙弥沙弥尼戒、式叉摩那戒、比丘比丘尼戒、菩萨戒等，就普通说，菩萨戒为大乘，余皆小乘，但亦未必尽然，应依受者发心如何而定。我近来研究《南山律》，内中有云："无论受何戒法，皆要先发大乘心。"由此看来，哪有一种戒法专名为小乘的呢！再就受戒方法论，如：三皈、五戒、沙弥沙弥尼戒，皆用三皈依受；至于比丘比丘尼戒、菩萨戒，则须依羯磨文受；又如式叉摩那则是作羯磨与学戒法，不是另外得戒，与上不同。再依在家出家分之：就普通说，在家如三皈、五戒、八戒等，出家如沙弥比丘等，实而言之，三皈、五戒、八戒，皆通在家出家。诸位听着这话，或当怀疑，今我以例证之，如：明灵峰蕅益大师，他初亦受比丘戒，后但退做三皈人，如是言之，只有三皈亦可算出家人。

又若单五戒亦可算出家人，因剃发以后，必先受五戒，后再受沙弥戒，未受沙弥戒前，只是五戒之出家人。故五戒通于在家出家，有在家优婆塞、出家优婆塞之别；例如：明蕅益大师之大弟子成时、性旦二师，皆自称为出家优婆塞。成时大师为编辑《净土十要》及《灵峰宗论》者，性旦大师为记录弥陀要解者，皆是明末的高僧。

八戒何为亦通在家出家？《药师经》中说："比丘亦可受八戒，比丘再受八戒为欲增上功德故。"这样看起来，八戒亦通于僧俗。

以上略判竟，以下一一分别说之。

三皈：不属于戒，仅名三皈。三皈者：皈依佛，皈依法，皈依僧。未受以前必须要了解三皈道理，并非糊里糊涂地盲从瞎说，如这样子皆不得三皈。

所谓三宝有四种之别，一理体三宝，二化相三宝，三住持三宝，四一体三宝。尽讲起来很深奥复杂，现在且专就住持三宝来说。三宝的意义是什么？佛、法、僧。所谓佛即形象，如：释迦佛像、药师佛像、弥陀佛像等，法即佛所说之经，如：《法华经》《楞严经》等，皆佛金口所流露出来之法；僧即出家剃发受戒有威仪之人。

以上所说佛、法、僧道理，可谓最浅近，谅诸位皆能明了吧。

皈依即回转的意义，因前背合三宝，而今转向三宝，故谓之皈依。但无论出家在家之人，若受三皈时，有二点最重要：第一要注意皈依三宝是何意义。第二当受三皈时，师父所说应当十分明白，或师父所讲的话，全是文言不能了解，如是决不能得三皈，或隔离太远，听不明白亦不得三皈；或虽能听到大致了解，其中尚有一二怀疑处，亦不得三皈。又正授之时，即是“皈依佛”“皈依法”“皈依僧”三说，此最要紧，应十分注意；以后之“皈依佛竟”，“皈依法竟”，“皈依僧竟”，是名三结，无关紧要；所以诸位发心受戒，应先了知三皈意义，又当正授时，要在先“皈依佛”等三语注意，乃可得三皈。

以上三皈说已，下说五戒。

五戒：就五戒言，亦要请师先为说明。五戒者：杀、盗、淫、妄、酒。当师父说明五戒意义时，切要用白话，浅近明了，使人易懂。受戒者听毕，应先自思量如是诸戒能持否，若不能全持，或一，或二，或三，或四，皆可随意；宁可不受，万不可受而不持！且就杀生而论，未受戒者，犯之本应有罪，若已受不杀戒者犯之，则罪更加重一倍，可怕不可怕呢！你们试想一想，如果不能受持，勉强敷衍，实是自寻烦恼！据我思之：五戒中最容易持的是不邪淫，不饮酒；诸位可先受这两条最为稳当；至于杀与妄语，有大小之分，大者虽不易犯，小者实为难持；又五戒中最为难持的莫如盗戒，非于盗戒戒相研究十分明了之后，万不可率尔而受。所以我盼望诸位对于盗戒一条缓缓再说，至要！至要！但以现在传戒情形看起来，在这许多人众集合场中，实际上是不能如上一一别受；我想现在受五戒时，不妨合众总受五戒，俟受戒后，再自己斟酌取合，亦未为不可；于自己所不能奉持的数条，可以在引礼师前或俗人前合去，这样办法，实在十分妥当，在授者减麻烦，诸位亦可免除烦恼。另外还有一句要紧的话，倘有人怀疑于此大众混杂扰乱之时，心中不能专一注想，或恐犹未得戒者，不妨请性愿老法师或其他善知识，再为重授一次，他们当即慈悲允许。诸位！你们万不可轻视三皈五戒！我有句老实话对诸位说：菩萨戒不是容易得的，沙弥戒及比丘戒是不能得的，无论出家或在家人所希望者，唯有三皈五戒，我们倘能得三皈五戒，那就是很好的了。因受持五戒，来生定可为人；既能持五戒，再说念阿弥陀佛名号，求生西方，临终时定能往生西方极乐世界，岂不甚好。就我自己而论，对于菩萨戒是有名无实，沙弥戒及比丘戒决定未得；即以五戒而言，亦不敢说完全，只可谓为出家多分优婆塞而已，这是实话。所以我盼望诸位要注意三皈五戒；当受五戒，应知于前说三皈正得戒体，最宜注意；后说五戒戒相为附属之文，不是在此时得戒。又须请师先为说明五戒之广狭；例如：饮酒一戒不唯不饮泉州酒店之酒，凡尽法界虚空界之戒缘境酒，皆不可饮。杀，盗，淫，妄，亦复如是。所以受戒功德普遍法界，实非人力所能思议。

宝华山见月律师所编三皈五戒正范，所有开示多用骈体文，闻者万不能了解，等于虚文而已；最好请师译成白话。此外我更附带言之：近有为人授五戒者于不饮酒后加不吸烟一句，但这不吸烟可不必加入；应另外劝告，不应加入五戒文中。

以上说五戒毕，以下讲八戒。

八戒：具云八关斋戒。"关"者禁闭非逸，关闭所有一切非善事。"斋"是清的意思，绝诸一切杂想事。八关斋戒本有九条，因其中第七条包含两条，故合计为八条。前五与五戒同，后三条是另加的。后加三者，即：

第六，华香璎珞香油涂身，这是印度美丽装饰之风俗，我国只有花香，并无璎珞等；但所谓香如吾国香粉、香水、香牙粉、香牙膏及香皂等，皆不可用。

第七，高胜床上坐，作倡伎乐故往观听。这就是两条合为一条的；现略为分析："高"是依佛制度，坐卧之床脚，最高不能超过一尺六寸；"胜"是指金银牙角等之装饰，此皆不可。但在他处不得已的时候，暂坐可开：佛制是专为自制的须结正罪，如别人已作成功的不是自制的，罪稍轻。作倡伎乐故往观听，音乐影戏等皆属此条，所谓故往观听之，"故"字要注意，于无意中偶然听到或看见的不犯。以上高胜床上坐，作倡伎乐故往观听，共合为一条。受八关斋戒的人，皆不可为。

第八，非时食。佛制受八关斋戒后，自黎明至正午可食，倘越时而食，即叫作非时食，即平常所说的"过午不食"。但正午后，不单是饭等不可食，如牛奶水果等均不可用。如病重者，于不得已中，可在大家看不到的地方开食粥等。

受八关斋戒，普通于六斋日受；六斋日者，即：初八、十四、十五、廿三及月底最后二日；倘能发心日日受，那是最好不过了。受时要在每天晨起时，期限以一日一夜——天亮时至夜，夜至明早。受八关斋戒后，过午不食一条，应从今大止午后至明日黎明时皆不可食。又八戒与菩萨戒比，较别的戒有区别；因为八戒与菩萨戒，是顿立之戒。（但上说的菩萨戒，是局就梵网、璎珞等而说的；

若依瑜伽戒本，则属于渐次之戒。）这是什么缘故呢？未受五戒、沙弥戒、比丘戒，皆可即受菩萨戒或八戒，故曰顿立；我想闽南一带，将来亦应当提倡提倡！若嫌每月六日太多，可减至一日或两日亦无不可；因仅受一日，即有极大功德，何况六日全受呢！

沙弥戒：沙弥戒诸位已知道了吧？此乃正戒，共十条。其中九条同八戒，另加手不捉钱宝一条，合而为十。但手不捉钱宝一条，平常人不明白，听了皆怕；不知此不捉钱宝是易持之戒，律中有方便办法，叫作“说净”，经过说净的仪式后，亦可照常自己捉持；最为繁难者，是正戒十条外于比丘戒亦应学习，犯者结罪。我初出家时不晓得，后来学律才知道。这样看起来，持沙弥戒亦是不容易的一回事。

沙弥尼戒：即女众，法戒与沙弥同。

式叉摩那戒：梵语式叉摩那，此云学法女；外江各丛林，皆谓在家贞女为式叉摩那，这是错误的。闽南这边，那年开元寺传戒时，对于贞女不称式叉摩那，只用贞女之名，这是很通；平常人多不解何者为式叉摩那，我现在略为解释一下：

哪一种人可以受式叉摩那戒呢？要已受沙弥尼戒的人于十八岁时，受式叉摩那法，学习二年，然后再受比丘尼戒，因为佛制二十岁乃可受戒，于十八岁时，再学二年正当二十岁。于二年学习时，僧作羯磨，与学戒法；二年学毕乃可受比丘尼戒；但式叉摩那要学三法：一学根本法，即四重戒；二学六法，染心相触，盗减五钱，断畜命，小妄语，非时食，饮酒；三学行法，大尼诸戒，及威仪。

此仅是受学戒法，非另外得戒，故与他戒不同。以下讲比丘戒。

比丘戒：因时间很短，现在不能详细说明，唯有几句要紧话先略说之。

我们生此末法时代，沙弥戒与比丘戒皆是不能得的，原因甚多甚多！今且举出一种来说，就是没有能授沙弥戒比丘戒的人；若受沙弥戒，须二比丘授，比丘戒至少要五比丘授；倘若找不到比丘的话，不单比丘戒受不成，沙弥戒亦受不成。我有一句很伤心的话要对诸位讲：从南宋迄今六七百年来，或可谓僧种断绝了！以平常人眼光看起来，以为中国僧众很多，大有达至几百万之概；据实而论，这几百万中，要找出一个真比丘，怕也是不容易的事！如此怎样能受沙弥比丘戒呢？既没有能授戒的人，如何会得戒呢？我想诸位听到这话，心中一定十分扫兴；或以为既不得戒，我们白吃辛苦，不如早些回去好，何必在此辛辛苦苦做这种极无意味的事情呢？但如此怀疑是大不对的：我劝诸位应好好地、镇静地在此受沙弥戒比丘戒才是！虽不得戒，亦能种植善根，兼学种种威仪，岂不是好，又若想将来学律，必先挂名受沙弥比丘戒，否则以白衣学律，必受他人讥评：所以你们在这儿发心受沙弥比丘戒是很好的！

这次本寺诸位长老唤我来讲律学大意，我感着有种种困难之点，这是什么缘故？比方我在这儿，不依据佛所说的道理讲，一味地随顺他人顾惜情面敷衍了事，岂不是我害了你们吗！若依实在的话与你们讲，又恐怕因此引起你们的怀疑；所以我觉着十分困难。因此不得已，对于诸位分作两种说法：（一）老实不客气地，必须要说明受戒真相，恐怕诸位出戒堂后，妄自称为沙弥或比丘，致招重罪，那是不得了的事情！我有种比方，譬如，泉州这地方有司令官等，不识相的老百姓亦自称我是司令官，如司令官等听到，定遭不良结果，说不定有枪毙之危险！未得沙弥比丘戒者，妄自称为沙弥或比丘，必定遭恶报，亦就是这个道理。我为着良心的驱使，所以要对诸位说老实话。（二）以现在人情习惯看起来，我总劝诸位受戒，挂个虚名，受后俾可学律，不然，定招他人诽谤之虞；这样的说，诸位定必明了吧。

更进一层说，诸位中若有人真欲绍隆僧种，必须求得沙弥比丘戒者，亦有一种特别的方法，即是如蕅益大师礼占察忏仪，求得清净轮相，即可得沙弥比丘戒；除此以外，无有办法。故蕅益大师云：“末世欲得净戒，合此占察轮相之法，更无别途。”因为得清净轮相之后，即可自誓总受菩萨戒而沙弥比丘戒皆包括在内，以后即可称为菩萨比丘。礼占察忏得清净轮相，虽是极不容易的事，倘诸位中有真发大心者，亦可奋力进行，这是我最希望你们的。以下说比丘尼戒：

比丘尼戒：现在不能详说。依据佛制，比丘尼戒要重复受两次：先依尼僧授本法，后请大僧正授，但正得戒时，是在大僧正授时；此法南宋以后已不能实行了。最后说菩萨戒。菩萨戒：为着时间关系，亦不能详说。现在略举三事：（一）要有菩萨种性，又能发菩提心，然后可受菩萨戒。什么是种性呢？简单来说，就是多生以来所成就的资格。所以当受戒时，戒师问：“汝是菩萨否？”应答：“我是菩萨！”这就是菩萨种性。戒师又问：“既是菩萨，已发菩提心否？”应答：“已发菩提心。”这就是发菩提心。如这样子才能受菩萨戒。（二）平常人受菩萨戒者皆是全受；但依璎珞本业经，可以随身分受，或一或多；与前所说的受五戒法相同。（二）犯相重轻，依旧疏新疏有种种差别，应随个人力量而行；现以例说，如：妄语戒，旧疏说大妄语乃犯波罗夷罪，新疏说，小妄语即犯波罗夷罪。

至于起杀盗淫妄之心，即犯波罗夷，乃是为地上菩萨所制。我等凡夫是做不到的。

所谓菩萨戒虽不易得，但如有真诚之心，亦非难事，且可自誓受，不比沙弥比丘戒必须要请他人授；因为菩萨戒、五戒、八戒皆可自誓受，所以我们颇有得菩萨戒之希望！

今天律学要略讲完，我想在其中有不妥当处或错误处，还请诸位原谅。最后我尚有几句话：诸位在此受戒很好。在近代说，如外江最有名望的地方，虽有传戒，实不及此地完备，这是这里办事很有热心，很有精神，很有秩序，诚使我佩服，使我赞美。就以讲律来说，此地戒期中讲《沙弥律》《比丘戒本》《梵网经》，他方是难有的。几年前泉州大开元寺于戒期中提倡讲律，大家皆说是破天荒的举动。本寺此次传戒之美备，实与数年前大开元寺相同，并有露天演讲，使外人亦有种植善根之机缘，诚办事周到之处。本年天灾频仍，泉州亦不在例外，在人心惨痛、境遇萧条的状况中，本寺居然以极大规模，很圆满地开戒，这无非是诸位长老及大护法的道德感化所及；我这次到此地，心实无限欢喜，此是实话，并非捧场；此次能碰着这大机缘与诸位相聚，甚慰衷怀，最后还要与诸位恭喜。

十一月在泉州承天寺律仪法会演讲记录

常随佛学

《华严经行愿品》末卷所列十种广大行愿中，第八曰常随佛学。若依《华严经》文所载种种神通妙用，绝非凡夫所能随学。但其他经律等，载佛所行事，有为我等凡夫作模范，无论何人皆可随学者，亦屡见之。今且举七事。

一、佛自扫地

《根本说一切有部毗柰耶杂事》云：世尊在逝多林。见地不净，即自执帚，欲扫林中。时舍利子大目犍连、大迦叶、阿难陀等，诸大声闻，见是事已，悉皆执帚共扫园林。时佛世尊及圣弟子扫除已。入食堂中，就座而坐。佛告诸比丘。凡扫地者有五胜利：一者自心清净，二者令他心清净，三者诸天欢喜，四者植端正业，五者命终之后当生天上。

二、佛自舁（音余，即共扛抬也）弟子及自汲水

《五分律》中《佛制饮酒戒缘起》云：婆伽陀比丘，以降龙故，得酒醉。衣钵纵横。佛与阿难舁至井边。佛自汲水、阿难洗之等。

三、佛自修房

《十诵律》云：佛在阿罗毗国。见寺门楣损，乃自修之。

四、佛自洗病比丘及自看病

《四分律》云："世尊即扶病比丘起，拭身不净。拭已洗之。洗已复为浣衣

晒干。有故坏卧草弃之。扫除住处，以泥浆涂洒，极令清净。更敷新草，并敷一衣。还安卧病比丘已，复以一衣覆上。”

《西域记》云：“祇桓东北有塔，即如来洗病比丘处。”

又云：“如来在日，有病比丘，含苦独处。佛问：‘汝何所苦？汝何独居？’答曰：‘我性疏懒不耐看病，故今婴疾无人瞻视。’佛愍而告曰：‘善男子！我今看汝。’”

五、佛为弟子裁衣

《中阿含经》云：“佛亲为阿那律裁三衣。诸比丘同时为连合，即成。”

六、佛自为老比丘穿针

此事知者甚多。今以忘记出何经律，不及检查原文。仅就所记忆大略之义录之。佛在世时，有老比丘补衣。因目昏花，未能以线穿针孔中。乃叹息曰：“谁当为我穿针。”佛闻之，即立起曰：“我为汝穿之。”等。

七、佛自乞僧举过

是为佛及弟子等结夏安居竟，具仪自恣时也。《增一阿含经》云：“佛坐草座（即是离本座，敷草于地而坐也。所以尔者，恣僧举过，舍骄慢故）告诸比丘言：‘我无过咎于众人乎？又不犯身口意乎？如是至三。’”

灵芝律师云：“如来亦自恣者，示同凡法故，垂范后世故，令众省己故，使折我慢故。”

如是七事，冀诸仁者勉力随学。远离骄慢，增长悲心，广植福业，速证菩提。是为余所希愿者耳！

癸酉七月十一日在泉州承天寺为幼年诸学僧讲

新集受三皈五戒八戒法式凡例

一、五戒八戒，当分属于小乘；然欲秉受戒品，应发大菩提心。未可独善一身，偏趣寂灭；虽开遮持犯，不异声闻。而发心起行，宜同大士。清信之侣，幸其自勉！

二、皈戒功德，经论广赞。泛言果报，局在人天；故须勤修净行，期生弥陀净土。宋灵芝元照律师所云：一者入道须有始，二者期心必有终。言有始者，即须受戒，专志奉持。今于一切时中，对诸尘境，常忆受体。着衣吃饭，行住坐卧，语默动静，不可暂忘也。言其终者，谓归心净土，决誓往生也。以五浊恶世，末法之时，惑业深缠，惯习难断。自无道力，何由修证？故释迦出世五十余年，说无量法。应可度者，皆悉已度。其未度者，皆亦已作得度因缘。因缘虽多，难为造入。唯净土法门，是修行径路；故诸经论，偏赞净土。佛法灭尽，唯无量寿佛经，百年在世。十方劝赞，信不徒然。

三、受皈戒者，应于出家五众边受（出家五众者，苾刍、苾刍尼、式叉摩那、沙弥、沙弥尼）。然以从大僧受者（大僧者，苾刍、苾刍尼），为通途常例。必无其人，乃依他众。（依成实论及大智度论，皆开自受八戒。灵芝济缘记云：成智二论，并开自受，文约无师，义兼缘碍。灵峰云：受此八关斋法，须一出家人为作证明。不问大小两乘五众，但令毕世不非时食者，便可为师。设数里内决无其人，或可对经像前自誓秉受耳。）

四、受皈戒者，若依律制，应于师前，一一别受。其有多众并合一时受者，盖为难缘；非是通途之制。有部毗柰耶杂事云：如来大师将入涅槃，五百壮士愿受皈戒，时阿难陀作如是念："彼诸壮士，于世尊处一一别受近事学者，时既淹久，妨废圆寂，我今宜请与彼一时受其学处。"准斯明文，若无难缘，未可承用。

五、受皈戒时，授戒者说，受者随语。西国法式，唯斯一途。唐义净三藏云："准如圣教，及以相承，并悉随师说受戒语，无有师说，直问能不，戒事非轻，无容造次。"（是编专宗有部，与他律论之说小有歧异，学者亦毋因是疑谤他宗，以各被一机，并契圣教也。）

六、诸余经论有云：不能具受五戒者，一分、二分得受。若依萨婆多毗尼毗婆沙说："谓不具受者，不得戒。彼云：问曰：凡受优婆塞戒，设不能具受五戒，若受一戒乃至四戒，受得戒不？答曰：不得。若不得者，有经说有少分优婆塞、多分优婆塞、满分优婆塞，此义云何？答曰：所以作是说者，欲明持戒功德多少，不言有如是受戒法也。"灵峰亦云："若四分、三分等，既未全受，但可摄入出世福业，未可名戒学也。"准斯而论，今人欲受戒者，当自量度。必谓力弱心怯，不堪致远，未妨先受一分乃至四分，若不尔者，应具受持，乃可名为戒学。岂宜畏难，失其胜利。

七、今人乞师证明受皈依者，辄称皈依某师。俗例相承，沿效莫返。循名核实，颇有未妥；以所皈依者为僧伽，非唯皈依某师一人故。灵峰云："皈依僧者，则一切僧皆我师也。今世俗士，择一名德比丘礼事之，窃窃然矜曰：吾某知识某法师门人也。彼知识法师者，亦窃窃然矜曰：彼某居士某宰官皈依于我者也。噫！果若此，则应曰皈依佛、皈依法、结交一大德可也，可云皈依僧也与哉！"故已受皈依者，于一切僧众，若贤若愚，皆当尊礼为师，自称弟子；未可骄慢，妄事分别。

八、今人受五戒已，辄尔披五条衣，手持坐具，坏滥制仪，获罪叵测。依佛律制，必出家落发已，乃授缦条衣。若五条衣，唯有大僧方许披服。今以白衣，滥同大僧，深为未可。（方等陀罗尼经云：在家二众入坛行道，着无缝三衣。无缝，即是缦条，非五衣也。又成实论云：听畜一礼忏衣，名曰钵吒。钵吒，即缦条也。据经论言：着缦条衣，亦可听许；但准律部，无是明文，不着弥善。）若坐具者，梵言宜师但那。旧译作泥师坛。此云坐具，亦云卧具。唯大僧用，以衬毡席，防其污秽。此土敷以礼拜，盖出讹传。大僧持之，犹乖圣教；况在俗众，悖乱甚矣。（义净三藏云：尼师但那，本为衬替卧具，恐有所损，不拟余用。敷地礼拜，不见有文；故违圣言，谁代当罪。）

九、既受戒已，若犯上品重罪，即不可忏。若犯中品、下品轻罪，悉属可悔。宜依律制，向僧众前，发露说罪，罪乃可灭。岂可妄谈实相，轻视作法。灵峰云：“说罪而不观心，犹能绝罪之流；倘谈理而不发露，决难清罪之源。若必耻作法，而不肯奉行，则是顾惜体面，隐忍覆藏，全未了知罪性本空，岂名慧日！”又云：“世人正造罪时，实是大恶，不以为耻；向人发露，善中之善，反以为羞。甘于恶而苦于善，遂成恶中之恶，永无出期，颠倒愚痴。莫此为甚。”今于篇末，依《有部律》，酌定说罪之文。若承用时，未可铺缀仪章，增减字句。是为圣制，不须僭易。

十、末世以来，受皈戒者，多宗华山三皈五戒正范。曲逗时机，是彼所长。惜其仪文，颇伤繁缛。灵峰受三皈五戒法，颇称精要，承用者希，盖可怅叹！（陈熙愿谓此法唯约受者自说，而略录之；若师前受，仍依华山。寻绎斯言，实出臆断，戒事法式，宜遵圣教，若以西土常规，自为略录，别宗异制，偏尚繁文，是非混淆，若为安可！恐怀先惑，聊复辨陈。）是编集录，悉承有部。（具云根本说一切有部。唐义净三藏法师留学印度二十余年，专攻此部。归国已来，译传此部律文凡十九部，近二百卷。精确详明，世称新律。）宗彼律文，出其受法，简捷明了，不逾数行。西土相传，并依此制，匪曰泥古，且示一例，可用与否，愿任后贤！

改过实验谈

今值旧历新年，请观厦门全市之中，充满新气象，门户贴新春联，人多着新衣，口言恭贺新禧、新年大吉等。我等素信佛法之人，当此万象更新时，亦应一新乃可。我等所谓新者何，亦如常人贴新春联、着新衣等以为新乎？曰：不然。我等所谓新者，乃是改过自新也。但“改过自新”四字范围太广，若欲演讲，不知从何说起。今且就余五十年来修省改过所实验者，略举数端为诸君言之。

余于讲说之前，有须预陈者，即是以下所引诸书，虽多出于儒书，而实合于佛法。因谈玄说妙修证次第，自以佛书最为详尽。而我等初学之人，持躬敦品、处事接物等法，虽佛书中亦有说者，但儒书所说，尤为明白详尽适于初学。故今多引之，以为吾等学佛法者之一助焉。以下分为总论别示二门。

总论者即是说明改过之次第：

一、学。须先多读佛书儒书，详知善恶之区别及改过迁善之法。倘因佛儒诸书浩如烟海，无力遍读，而亦难于了解者，可以先读《格言联璧》一部。余自儿时，即读此书。皈信佛法以后，亦常常翻阅，甚觉其亲切而有味也。此书佛学书局有排印本甚精。

二、省。即已学矣，即须常常自己省察，所有一言一动，为善欤，为恶欤？若为恶者，即当痛改。除时时注意改过之外，又于每日临睡时，再将一日所行之事，详细思之。能每日写录日记，尤善。

三、改。省察以后，若知是过，即力改之。诸君应知改过之事，乃是十分光明磊落，足以表示伟大之人格。故子贡云："君子之过也，如日月之食焉；过也人皆见之，更也人皆仰之。"又古人云："过而能知，可以谓明。知而能改，可以即圣。"诸君可不勉乎！

别示者，即是分别说明余五十年来改过迁善之事。但其事甚多，不可胜举。今且举十条为常人所不甚注意者，先与诸君言之。《华严经》中皆用十之数目，乃是用十以表示无尽之意。今余说改过之事，仅举十条，亦尔，正以示余之过失甚多，实无尽也。此次讲说时间甚短，每条之中仅略明大意，未能详言，若欲知者，且俟他日面谈耳。且有下述内容，殊略说之：

一、虚心。常人不解善恶，不畏因果，决不承认自己有过，更何论改？但古圣贤则不然。今举数例：孔子曰："五十以学易，可以无大过矣。"又曰："闻义不能徙，不善不能改，是吾忧也。"蘧伯玉为当时之贤人，彼使人于孔子。孔子与之坐而问焉，曰："夫子何为？"对曰："夫子欲寡其过而未能也。"圣贤尚如此虚心，我等可以贡高自满乎？

二、慎独。吾等凡有所作所为，起念动心，佛菩萨乃至诸鬼神等，无不尽知尽见。若时时作如是想，自不敢胡作非为。曾子曰："十目所视，十手所指，其严乎！"又引诗云："战战兢兢，如临深渊，如履薄冰。"此数语为余所常常忆念不忘者也。

三、宽厚。造物所忌，曰刻曰巧。圣贤处事，唯宽唯厚。古训甚多，今不详录。

四、吃亏。古人云："我不识何等为君子，但看每事肯吃亏的便是。我不识何等为小人，但看每事好便宜的便是。"古时有贤人某临终，子孙请遗训，贤人曰："无他言，尔等只要学吃亏。"

五、寡言。此事最为紧要。孔子云："驷不及舌"，可畏哉！古训甚多，今不详录。

六、不说人过。古人云："时时检点自己且不暇，岂有工夫检点他人。"孔子亦云："躬自厚而薄责于人。"以上数语，余常不敢忘。

七、不文己过。子夏曰："小人之过也必文。"我众须知文过乃是最可耻之事。

八、不覆己过。我等倘有得罪他人之处，即须发大惭愧，生大恐惧。发露陈谢，忏悔前愆。万不可顾惜体面，隐忍不言，自诳自欺。

九、闻谤不辩。古人云：“何以息谤？曰：无辩。”又云：“吃得小亏，则不至于吃大亏。”余三十年来屡次经验，深信此数语真实不虚。

十、不嗔。嗔习最不易除。古贤云：“二十年治一怒字，尚未消磨得尽。”但我等亦不可不尽力对治也。《华严经》云：“一念嗔心，能开百万障门。”可不畏哉！

因限于时间，以上所言者殊略，但亦可知改过之大意。最后，余尚有数言，愿为诸君陈者：改过之事，言之似易，行之甚难。故有屡改而屡犯，自己未能强作主宰者，实由无始宿业所致也。务请诸君更须常常持诵阿弥陀佛名号，观世音地藏诸大菩萨名号，至诚至敬，恳切忏悔无始宿业，冥冥中自有不可思议之感应。承佛菩萨慈力加被，业消智朗，则改过自新之事，庶几可以圆满成就，现生优入圣贤之域，命终往生极乐之邦，此可为诸君预贺者也。

常人于新年时，彼此晤面，皆云恭喜，所以贺其将得名利。余此次于新年时，与诸君晤面，亦云恭喜，所以贺诸君将能真实改过，不久将为贤为圣；不久决定往生极乐，速成佛道，分身十方，普能利益一切众生耳。

癸酉正月在厦门妙释寺讲

改习惯

吾人因多生以来之夙习，及以今生自幼所受环境之熏染，而自然现于身口者，名曰习惯。

习惯有善有不善，今且言其不善者。常人对于不善之习惯，而略称之曰习惯。今依俗语而标题也。

在家人之教育，以矫正习惯为主。出家人亦尔。但近世出家人，唯尚谈玄说妙。于自己微细之习惯，固置之不问。即自己一言一动，极粗显易知之习惯，亦罕有加以注意者。可痛叹也。

余于三十岁时，即觉知自己恶习惯太重，颇思尽力对治。出家以来，恒战战兢兢，不敢任情适意。但自愧恶习太重，二十年来，所矫正者百无一二。

自今以后，愿努力痛改。更愿有缘诸道侣，亦皆奋袂兴起，同致力于此也。

吾人之习惯甚多。今欲改正，宜依如何之方法耶？若胪列多条，而一时改正，则心劳而效少，以余经验言之，宜先举一条乃至三四条，逐日努力检点，既已改正，后再逐渐增加可耳。

今春以来，有道侣数人，与余同研律学，颇注意于改正习惯。数月以来，稍有成效，今愿述其往事，以告诸公。但诸公欲自改其习惯，不必尽依此数条，尽可随宜酌定。余今所述者，特为诸公做参考耳。

学律诸道侣，已改正习惯，有七条。

一、食不言。现时中等以上各寺院，皆有此制，故改正甚易。

二、不非时食。初讲律时，即由大众自己发心，同持此戒。后来学者亦尔。遂成定例。

三、衣服朴素整齐。或有旧制，色质未能合宜者，暂作内衣，外罩如法之服。

四、别修礼诵等课程。每日除听讲、研究、抄写及随寺众课诵外，皆别自立礼诵等课程，尽力行之。或有每晨于佛前跪读《法华经》者，或有读《华严经》者，或有读《金刚经》者，或每日念佛一万以上者。

五、不闲谈。出家人每喜聚众闲谈，虚丧光阴，废弛道业，可悲可痛！今诸道侣，已能渐除此习。每于食后，或傍晚、休息之时，皆于树下檐边，或经行，或端坐，若默诵佛号、若朗读经文、若默然摄念。

六、不阅报。各地日报，社会新闻栏中，关于杀盗淫妄等事，记载最详。而淫欲诸事，尤描摹尽致。虽无淫欲之人，常阅报纸，亦必受其熏染，此为现代世俗教育家所痛慨者。故学律诸道侣，近已自己发心不阅报纸。

七、常劳动。出家人性多懒惰，不喜劳动。今学律诸道侣，皆已发心，每日扫除大殿及僧房檐下，并奋力做其他种种劳动之事。

以上已改正之习惯，共有七条。

尚有近来特实行改正之二条，亦附列于下：

一、食碗所剩饭粒。印光法师最不喜此事。若见剩饭粒者，即当面痛呵斥之。所谓施主一粒米，恩重大如山也。但若烂粥烂面留滞碗上、不易除去者，则非此限。

二、坐时注意威仪。垂足坐时，双腿平列。不宜左右互相跷架，更不宜耸立或直伸。余于在家时，已改此习惯。且现代出家人普通之威仪，亦不许如此。想此习惯不难改正也。

总之，学律诸道侣，改正习惯时，皆由自己发心。绝无人出命令而禁止之也。

癸酉在泉州承天寺讲

受八关斋戒法

依《佛说八种长养功德经》录出。

归命一切佛，惟愿一切佛菩萨众摄受于我。

我今归命胜菩提，最上清净佛法众。

我发广大菩提心，自他利益皆成就。

忏除一切不善业，随喜无边功德蕴。

先当不食一日中（案即一日夜中过午不食），后修八种功德法（以上三说）。

我名某甲，惟愿阿阇梨摄受于我，我从今时发净信心，乃至坐菩提场成等正觉，誓皈依佛二足胜尊，誓归依法离欲胜尊。如是三宝是所归趣（以上三说）。

我某甲净信优婆塞（案受八戒者，正属在家二众。亦兼通于出家诸众，如《药师经》中所明。此文且据在家者言，故云优婆塞。若出家者，随宜称之），惟愿阿阇梨忆持护念，我从今日今时发起净心，乃至过是夜分，讫于明旦日初出时，于其中间奉持八戒。所谓一不杀生、二不偷盗、三不非梵行、四不妄语、五不饮酒、六不非时食、七不华发庄严其身及歌舞戏等、八不坐卧高广大床。我今舍离如是等事，誓愿不舍清净禁戒八种功德（以上三说）。

我持戒行庄严其心，令心喜悦，广修一切相应胜行，求成佛果。究竟圆满（一说）。又诵伽陀颂曰：

我发无二最上心，为诸众生不请友；
胜菩提行善所行，成佛世间广利益。
愿我乘是善业故，此世不久成正觉，
说法饶益于世间，解脱众生三有若。

岁次寿星沙门善梦[①]敬书明居丰州[②]灵应山中

①弘一大师别号之一。
②即南安。

授三皈依大意

三皈依之略义

三皈依者，皈依于佛、法、僧三宝也。

三宝义甚广，有种种区别。今且就常人最易了解者，略举之。

佛者，如释迦牟尼佛、阿弥陀佛等诸佛是也。法者，为佛所说之法，或菩萨等依据佛意所说之法，即现今所流传之大小乘，经律论，三藏也。僧者，如菩萨声闻诸圣贤众、下至仅剃发被袈裟者皆是也。

皈依者，归向依赖之意。

皈依于三宝者，乞三宝救护也。《大方便佛报恩经》云：譬人获罪于王，投向异国以求救护。异国王言，汝来无畏，但莫出我境，莫违我教，必相救护，众生亦尔。系属于魔，有生死罪。归向三宝，以求救护。若诚心皈依，更无异向，不违佛教，魔王邪恶，无如之何。

一、既已皈依于佛，自今以后，决不再依天仙神鬼一切诸外道等。

二、既已皈依于法，自今以后，决不再依诸外道典籍。

三、既已皈依于僧，自今以后，决不再依于不奉行佛法者。

授三皈依之方法

一、忏悔。

二、正授三皈依。

三、发愿回向。

应先请授者详力解释此三种文义。因仅读文而未解义，不能获诸善法也。

正授三皈之文有多种，常所用者如下：

一、我某甲，尽形寿，皈依佛、皈依法、皈依僧。三说。

二、我某甲，皈依佛竟、皈依法竟、皈依僧竟。三结。

三、前三说时，已得皈依善法。后三结者，重更叮咛令不忘失也。

忏悔文及发愿回向文，由授者酌定之。但发愿回向，应有以此功德，回向众生，同生西方，齐成佛道之意。万不可唯求自利也。

授三皈依之利益

经律论中，赞叹皈依三宝功德之文甚多。今略举四则。《灌顶经》云：受三皈依者，有三十六善神，与其无量诸眷属，守护其人令其安乐。《善生经》云：若人受三皈依，所得果报，不可穷尽。如四大宝藏（四宝者：金、银、琉璃、玻璃），举国人民，七年之中，运出不尽。受三皈依者，其福过彼，不可称计。《较量功德经》云："若三千大千世界，满中如来，如稻麻竹苇。若人四事供养（饮食、衣服、卧具、汤药）满二万岁，诸佛灭后，各起宝塔，复以香花供养，其福甚多，不如有人以清净心，皈依佛法僧三宝所得功德。《大集经》云：妊娠女人，恐胎不安，先授三皈依已，儿无加害；乃至生已，身心具足，善神拥护。是母受兼资于子也。

结　语

在本寺正式讲律，至今日圆满。今日所以聚集缁素诸众，讲三皈依大意者，一以备诸师参考，俾他日为人授三皈依时，知其简要之方法也。一以教诸在家人，令彼等了知三皈依之大意，俾已受者，能了此意，应深自庆幸。其未受者，先能了知此意，且为他日依师受三皈依之基础也。

敬三宝

三宝者，佛、法、僧也。其义甚广，今惟举其少分之义耳。

今言佛者，且约佛像而言，如木石等所雕塑及纸画者也。

今言法者，且约经律论等书册而言，或印刷或书写也。

今言僧者，且约当世凡夫僧而言，因菩萨罗汉等附入敬佛门也。

第一，敬佛。略举常人所应注意者数条。

礼佛时宜洗手漱口，至诚恭敬，缓缓而拜，不可急忙，宁可少拜，不可草率。佛几清洁，供香端直，供佛之物，以烹调精美人所能食者为宜。今多以食物之原料及罐头而供佛者殊为不敬，蕅益师大悲咒行法中曾痛斥之。又供佛宜在午前，不宜过午也。供水果亦宜午前。供水宜捧奉式。供花，花瓶水宜常换。

纸画之佛像，不可仅以绫裱，恐染蝇粪等秽物也（少蝇者或可）。宜装入玻璃镜中。

木石等雕塑者，小者应入玻璃龛中，大者应做宝盖罩之，并须常拂拭像上之尘土。

凡大殿及供佛之室中，皆不宜踞坐笑谈。如对于国王大臣乃至宾客之前尚应恭敬，慎护威仪，何况对佛像耶！不可佛前晒衣服，宜偏侧。不得在殿前用夜壶水浇花。若卧室中供佛像者，眠时应以净布遮障。

第二，敬法。略举常人所应注意者数条。

读经之时，必须洗手漱口拭几，衣服整齐，威仪严肃，与礼佛时无异。蕅益大师云：展卷如对活佛，收卷如在目前，千遍万遍，寤寐不忘，如是乃能获读经之实益也。

对于经典应十分恭敬护持，万不可令其污损。又翻篇时宜以指腹轻轻翻之，不可以指爪划，又不应折角，若欲记志，以纸片夹入可也。

若经典残缺者亦不可烧。卧室中几上置经典者，眠时应以净布盖之。

附每日诵经时仪式

礼佛——多少不拘。

赞佛——经偈或天上天下无如佛等，阿弥陀佛身金色等，炉香乍爇不是赞佛。

供养——愿此香华云等。

读经。

回向——不拘，或用我此普贤殊胜行等。

第三，敬僧。略举常人所应注意者数条。

凡剃发披袈裟者，皆是释迦佛子，在家人见之，应一例生恭敬心；不可分别持戒破戒。

若皈依三宝时，礼一出家人为师而做证明者，不可妄云皈依某人。因所皈依者为僧，非皈依某一人，应于一切僧众，若贤若愚，生平等心，至诚恭敬，尊之为师，自称弟子。则与皈依僧伽之义，乃符合矣。

供养僧者亦尔。不可专供有德者，应于一切僧生平等心，普遍供之，乃可获极大之功德也。专赠一人功德小，供众者功德大。

出家人若有过失，在家人闻之，万不可轻言。此为佛所痛诫者，最宜慎之。

以上已略言敬三宝意义。兹附有告者，厦门泉州神庙甚多，在家人敬神，每用猪鸡等物。岂知神皆好善而恶杀，今杀猪鸡等物而供神，神不受享，又安能降福而消灾耶。惟愿自今以后，痛革此种习惯，凡敬神时，亦一例改用素食，则至善矣。

初发心者在家律要

凡初发心人，既受三皈依，应续受五戒，倘自审一时不能全受者，即先受四戒、三戒乃至仅受一二戒都可。在家居士既闻法有素，知自行检点，严自约束，不蹈非礼，不敢轻率妄行，则杀生、邪淫、大妄语、饮酒之四戒，或可不犯。

唯有在社会上办事之人，欲不破盗戒，为最不容易事。例如与人合买地皮房屋，与人合做生意，报税纳捐时，未免有以多数报少数之事。因数人合伙，欲实报，则人以为愚，或为股东反对者有之。又不知而犯与明知违背法律而故犯之事，如信中夹寄钞票，与手写函件取巧掩藏，当印刷物寄，均犯盗税之罪。

凡非与而取，及法律所不许而取巧不纳，皆有盗取之心迹及盗取之行为，皆结盗罪。

非但银钱出入上，当严净其心；即微而至于一草一木、寸纸尺线，必须先向物主明白请求，得彼允许，而后可以使用；不待许可而取用，不曾问明而擅动，皆有不与而取之心迹，皆犯盗取盗用之行为，皆结盗罪。

青年佛徒应注意的四项

养正院从开办到现在，已是一年多了。外面的名誉很好，这因为由瑞金法师主办，又得各位法师热心爱护，所以能有这样的成绩。

我这次到厦门，得来这里参观，心里非常欢喜。各方面的布置都很完美，就是地上也扫得干干净净的，这样，在别的地方，很不容易看到。

我在泉州草庵大病的时候，承诸位写一封信来，各人都签了名，慰问我的病状；并且又承诸位念佛七天，代我忏悔，还有像这样别的事，都使我感激万分！

再过几个月，我就要到鼓浪屿日光岩去方便闭关了。时期大约颇长久，怕不能时时会到，所以特地发心来和诸位叙谈叙谈。

今天所要和诸位谈的，共有四项：一是惜福，二是习劳，三是持戒，四是自尊，都是青年佛徒应该注意的。

一、惜福

“惜”是爱惜，“福”是福气。就是我们纵有福气，也要加以爱惜，切不可把它浪费。诸位要晓得：末法时代，人的福气是很微薄的，若不爱惜，将这很薄的福享尽了，就要受莫大的痛苦，古人所说“乐极生悲”，就是这意思啊！我记得从前小孩子的时候，我父亲请人写了一副大对联，是清朝刘文定公的句子，高高地挂在大厅的抱柱上，上联是“惜食，惜衣，非为惜财缘惜福”。我的哥哥时常教我念这句子，我念熟了，以后凡是临到穿衣或是饮食的当儿，我都十分注意，就是一粒米饭，也不敢随意糟掉；而且我母亲也常常教我，身上所穿的衣服当时时小心，不可损坏或污染。这因为母亲和哥哥怕我不爱惜衣食，损失福报以致短命而死，所以常常这样叮嘱。

诸位可晓得，我五岁的时候，父亲就不在世了！七岁时我练习写字，拿整张的纸瞎写；一点儿不知爱惜，我母亲看到，就正颜厉色地说：“孩子！你要知道呀！你父亲在世时，莫说这样大的整张的纸不肯糟蹋，就连寸把长的纸条，也不肯随便丢掉哩！”母亲这话，也是惜福的意思呀！

我因为有这样的家庭教育，深深地印在脑里，后来年纪大了，也没一时不爱惜衣食；就是出家以后，一直到现在，也还保守着这样的习惯。诸位请看我脚上穿的一双黄鞋子，还是一九二〇年在杭州时候，一位打念佛七的出家人送给我的。又诸位有空，可以到我房间里来看看，我的棉被面子，还是出家以前所用的；又有一把洋伞，也是一九一一年买的。这些东西，即使有破烂的地方，请人用针线缝缝，仍旧同新的一样了。简直可尽我形寿受用着哩！不过，我所穿的小衫裤和罗汉草鞋一类的东西，却须五六年一换，除此以外，一切衣物，大都是在家时候或是初出家时候制的。

从前常有人送我好的衣服或别的珍贵之物，但我大半都转送别人。因为我知道我的福薄，好的东西是没有胆量受用的。又如吃东西，只生病时候吃一些好的，除此以外，从不敢随便乱买好的东西吃。

惜福并不是我一个人的主张，就是净土宗大德印光老法师也是这样，有人送他白木耳等补品，他自己总不愿意吃，转送到观宗寺去供养谛闲法师。别人问他：“法师！你为什么不吃好的补品？”他说：“我福气很薄，不堪消受。”

他老人家——印光法师，性情刚直，平常对人只问理之当不当，情面是不顾的。前几年有一位皈依弟子，是鼓浪屿有名的居士，去看望他，和他一道吃饭，这位居士先吃好，老法师见他碗里剩落了一两粒米饭；于是就很不客气地大声呵斥道：“你有多大福气，可以这样随便糟蹋饭粒！你得把它吃光！”

诸位！以上所说的话，句句都要牢记！要晓得：我们即使有十分福气，也只好享受三分，所余的可以留到以后去享受；诸位或者能发大心，愿以我的福气，布施一切众生，共同享受，那更好了。

二、习劳

“习”是练习，“劳”是劳动。现在讲讲习劳的事情：

诸位请看看自己的身体，上有两手，下有两脚，这原为劳动而生的。若不将他运用习劳，不但有负两手两脚，就是对于身体也一定有害无益。换句话说：若常常劳动，身体必定康健。而且我们要晓得：劳动原是人类本分上的事，不唯我们寻常出家人要练习劳动，即使到了佛的地位，也要常常劳动才行，现在我且讲讲佛的劳动的故事：

所谓佛，就是释迦牟尼佛。在平常人想起来，佛在世时，总以为同现在的方丈和尚一样，有衣钵师、侍者师常常侍候着，佛自己不必做什么；但是不然，有一天，佛看到地下不很清洁，自己就拿起扫帚来扫地，许多大弟子见了，也过来帮扫，不一时，把地扫得十分清洁。佛看了欢喜，随即到讲堂里去说法，说道：“若人扫地，能得五种功德……”

又有一个时候，佛和阿难出外游行，在路上碰到一个喝醉了酒的弟子，已醉得不省人事了，佛就命阿难抬脚，自己抬头，一直抬到井边，用桶汲水，叫阿难把他洗濯干净。

有一天，佛看到门前木头做的横楣坏了，自己动手去修补。

有一次，一个弟子生了病，没有人照应，佛就问他说：“你生了病，为什么没人照应你？”那弟子说：“从前人家有病，我不曾发心去照应他；现在我有病，所以人家也不来照应我了。”佛听了这话，就说：“人家不来照应你，就由我来照应你吧！”

就将那病弟子大小便种种污秽，洗濯得干干净净；并且还将他的床铺，理得清清楚楚，然后扶他上床。由此可见，佛是怎样的习劳了。佛决不像现在的人，凡事都要人家服劳，自己坐着享福。这些事实，出于经律，并不是凭空说说的。

现在我再说两桩事情，给大家听听：弥陀经中载着的一位大弟子——阿㝹楼陀，他双目失明，不能料理自己，佛就替他裁衣服，还叫别的弟子一道帮着做。

有一次，佛看到一位老年比丘眼睛花了，要穿针缝衣，无奈眼睛看不清楚，嘴里叫着：“谁能替我穿针呀！”

佛听了立刻答应说：“我来替你穿。”

以上所举的例，都足证明佛是常常劳动的。我盼望诸位，也当以佛为模范，凡事自己动手去做，不可依赖别人。

三、持戒

“持戒”二字的意义，我想诸位总是明白的吧！我们不说修到菩萨或佛的地位，就是想来生再做人，最低的限度，也要能持五戒。可惜现在受戒的人虽多，只是挂个名而已，切切实实能持戒的却很少。要知道：受戒之后，若不持戒，所犯的罪，比不受戒的人要加倍的大，所以我时常劝人不要随便受戒。至于现在一般传戒的情形，看了真痛心，我实在说也不忍说了！我想最好还是随自己的力量去受戒，万不可敷衍门面，自寻苦恼。

戒中最重要的，不用说是杀、盗、淫、妄，此外还有饮酒、食肉，也易惹人讥嫌。至于吃烟，在律中虽无明文，但在我国习惯上，也很容易受人讥嫌的，总以不吃为是。

四、自尊

“尊”是尊重，“自尊”就是自己尊重自己，可是人都喜欢人家尊重我，而不知我自己尊重自己；不知道要想人家尊重自己，必须从我自己尊重自己做起。怎样尊重自己呢？就是自己时时想着：我当做一个伟大的人，做一个了不起的人。比如我们想做一位清净的高僧吧，就拿高僧传来读，看他们怎样行，我也怎样行，所谓：“彼既丈夫我亦尔。”又比方我想将来做一位大菩萨，那就当依经中所载的菩萨行，随力行去。这就是自尊。但自尊与贡高不同；贡高是妄自尊大，目空一切的胡乱行为；自尊是自己增进自己的德业，其中并没有一丝一毫看不起人的意思的。

诸位万万不可以为自己是一个小孩子，是一个小和尚，一切不妨随便些，也不可说我是一个平常的出家人，哪里敢希望做高僧做大菩萨。凡事全在自己做去，能有高尚的志向，没有做不到的。

诸位如果作这样想：我是不敢希望做高僧、做大菩萨的，那做事就随随便便，甚至自暴自弃，走到堕落的路上去了，那不是很危险的么？诸位应当知道：年纪虽然小，志气却不可不高哇！

我还有一句话，要向大家说，我们现在依佛出家，所处的地位是非常尊贵的，就以剃发、披袈裟的形式而论，也是人天师表，国王和诸天人来礼拜，我们都可端坐而受。你们知道这道理么？自今以后，就当尊重自己，万万不可随便了。

以上四项，是出家人最当注意的，别的我也不多说了。我不久就要闭关，不能和诸位时常在一块儿谈话，这是很抱歉的。但我还想在关内讲讲律，每星期约讲三四次，诸位碰到例假，不妨来听听！今天得和诸位见面，我非常高兴。我只希望诸位把我所讲的四项，牢记在心，作为永久的纪念！时间讲得很久了，费诸位的神，抱歉！抱歉！

丙子正月开学日在南普陀寺佛教养正院讲

普劝净宗道侣兼持诵《地藏经》

予来永春，迄今一年有半。在去夏时，王梦惺居士来信，为言拟偕林子坚居士等将来普济寺，请予讲经。斯时予曾复一函，俟秋凉后即入城讲《金刚经》大意三日。及秋七月，予以掩关习禅，乃不果往。昨日梦惺居士及诸仁者入山相访，因雨小住寺院，今日适逢地藏菩萨圣诞，故乘此胜缘，为讲净宗道侣兼持诵《地藏经》要旨，以资纪念。

净宗道侣修持之法，固以净土三经为主。三经之外，似宜兼诵《地藏经》以为助行。因地藏菩萨，与此土众生有大因缘。而《地藏本愿经》，尤与吾等常人之根器深相契合。故今普劝净宗道侣，应兼持诵《地藏菩萨本愿经》。谨述旨趣于下，以备净宗道侣采择焉。

一、净土之于地藏，自昔以来，因缘最深。而我八祖莲池大师，撰《地藏本愿经序》，劝赞流通。逮我九祖蕅益大师，一生奉事地藏菩萨，赞叹弘扬益力。居九华山甚久，自称为“地藏之孤臣”；并尽形勤礼地藏忏仪，常持地藏真言，以忏除业障，求生极乐。又当代净土宗泰斗印光法师，于《地藏本愿经》尤尽力弘传流布，刊印数万册，令净业学者至心读诵，依教行持。今者窃遵净宗诸祖之成规，普劝同仁兼修并习。胜缘集合，盖非偶然。

二、地藏法门以三经为主。三经者，《地藏菩萨本愿经》《地藏菩萨十轮经》《地藏菩萨占察善恶业报经》。《本愿经》中虽未显说往生净土之义，然其他二经则皆有之。《十轮经》云："当生净佛国，导师之所居。"《占察经》云："若人欲生他方现在净国者，应当随彼世界佛之名字，专意诵念，一心不乱，如上观察者，决定得生彼佛净国。"所以我莲宗九祖蕅益大师，礼地藏菩萨占察忏时，发愿文云："舍身他世，生在佛前，面奉弥陀，历事诸佛，亲蒙授记，回入尘劳，普会群迷，同归秘藏。"由是以观，地藏法门实与净宗关系甚深，岂唯殊途同归，抑亦发趣一致。

三、《观无量寿佛经》，以修三福为净业正因。三福之首，曰孝养父母。而《地藏本愿经》中，备陈地藏菩萨宿世孝母之因缘。故古德称《地藏经》为"佛门之孝经"，良有以也。凡我同仁，常应读诵《地藏本愿经》，以副《观经》孝养之旨。并依教力行，特崇孝道，以报亲恩，而修胜福。

四、当代印光法师教人持佛名号求生西方者，必先劝信因果报应，诸恶莫作，众善奉行。然后乃云"仗佛慈力，带业往生"。而《地藏本愿经》中，广明因果报应，至为详尽。凡我同仁，常应读诵《地藏本愿经》，依教奉行，以资净业。倘未能深信因果报应，不在伦常道德上切实注意，则岂仅生西未能，抑亦三途有分。今者窃本斯意，普劝修净业者，必须深信因果，常检点平时所作所为之事。真诚忏悔，努力改过，进而修持五戒十善等，以为念佛之助行，而作生西之资粮。

五、吾人修净业者，倘能于现在环境之苦乐顺逆一切放下，无所挂碍。依苦境而消除身见，以逆缘而坚固净愿，则诚甚善。但如是者，千万人中罕有一二。因吾人处于凡夫地位，虽知随分随力修习净业，而于身心世界犹未能彻底看破，衣食住等不能不有所需求，水火刀兵饥馑等天灾人祸亦不能不有所顾虑。倘生活困难，灾患频起，即于修行作大障碍也。今若能归信地藏菩萨者，则无此虑。依《地藏经》中所载，能令吾人衣食丰足，疾疫不临，家宅永安，所求遂意，寿命增加，虚耗辟除，出入神护，离诸灾难等。古德云，身安而后道隆。即是之谓。此为普劝修净业者，应归信地藏之要旨也。

以上略述持诵《地藏经》之旨趣。义虽未能详尽，亦可窥其梗概。惟冀净宗道侣，广为传布。于《地藏经》至心持诵，共获胜益焉。

庚辰地藏诞日在永春讲

为性常法师掩关笔示法则

古人掩关皆为专修禅定或念佛，若研究三藏则不限定掩关也。仁者此次掩关，实为难得之机会。应于每日时间，以三分之二专念佛诵经（或默阅，但不可生分别心），以三分之一时间温习戒本羯磨及习世间文字。因机会难可再得，不于此时专心念佛，以后恐无此胜缘。至于研究等事，在掩关时虽无甚成绩，将来出关后，尽可缓缓研究也。

念佛一事，万不可看得容易，平日学教之人，若令息心念佛，实第一困难之事，但亦不得不勉强而行也。此事至要至要，万不可轻忽。诵经之事可以如常。又每日须拜佛若干拜，既有功德，亦可运动身体也。念佛时亦宜数数经行，因关中运动太少，食物不宜消化，故宜礼拜经行也。念佛之事，一人甚难行，宜与义俊法师协定课程，二人同时行之，可以互相策励，不致懈怠中止也。

课程大致如下：

早粥前念佛，出声或默念随意。早粥后稍休息。礼佛诵经。九时至十一时研究。午饭后休息。二时至四时研究（研究时间每日以四小时为限不可多）。四时半起礼佛诵经。黄昏后专念佛。晚间可以不点灯，唯佛前供琉璃灯可耳。

三年之中，可与义俊法师讲戒本及表记羯磨六遍。每半年讲一遍。自己既能温习，亦能令他人得益。昔南山律祖，尚听律十二遍未尝厌倦，何况吾等钝根之人耶？戒本羯磨能十分明了，且记忆不忘，将来出关之后，再学行事钞等非难事矣。世俗文字略学四书及历史等。学生字典宜学全部，但若鲜暇，不妨缺略，因此等事，出关之后仍可学习也。若念佛等，出关之后，恐难继续，唯在关中，能专心也。又在闭关时宜注意者如下。

不可闲谈、不晤客人、不通信（有十分要事，写一纸条交与护关者）。

凡一切事，尽可俟出关后再料理也，时机难得，光阴可贵，念之！念之！

余既无道德，又乏学问。今见仁者以诚恳之意，谆谆请求，故略据拙见拉杂书此，以备采择。

泉州开元慈儿院讲录

我到闽南，已有十年，来到贵院，也有好几回，一回到院，都觉得有一番进步，这是使我很喜欢的。贵院各种课程，都有可观，其最使我满意赞叹的，就是早晚两堂课诵。古语道："人身难得，佛法难闻。"诸生倘非夙有善根，怎得来这里读书，又复得闻佛法哩！今这样，真是好极了。诸生得这难得机缘，应各个起欢喜心，深自庆幸才是。

我今讲本师释迦牟尼佛在因地中为法舍身的几段故事给诸位听，现在先引《涅槃经》一段来说。释迦牟尼佛在无量劫前，当无佛法时代，曾做婆罗门。这位婆罗门，品格清高，与众不同，发心访求佛法。那时忉利天王在天宫瞧见，要试此婆罗门有无真心，化为罗刹鬼，状极凶恶，来与婆罗门说法，但是仅说半偈（印度古代的习惯以四句为一偈）。婆罗门听了罗刹鬼所说的半偈很喜欢，要求罗刹再说后半偈，罗刹不肯。婆罗门力求，罗刹便向婆罗门道："你要我说后半偈，也可以，你应把身上的血给我饮，身上的肉给我吃，才可许你。"婆罗门为求法故，即时答应道："我甚愿将我身上的血肉给你。"

罗刹以婆罗门既然诚恳地允许，便把后半偈说给他听。婆罗门得闻了后半偈，真觉心满意足，不但自己欢喜，而且把这偈书写在各处，遍传到人间去。婆罗门在各处树木山岩上书写此四句偈后，为维持信用，便想应如何把自己肉血给罗刹吃呢？他就要跑上一棵很高很高的树上，跳跃下来，自谓可以丧了身命，便将血肉给罗刹吃。罗刹那时，看婆罗门不惜身命求法，心中十分感动，当婆罗门在高处舍身跃下，未坠地时，罗刹便现了天王的原形把他接住，这婆罗门因得不死。罗刹原系忉利天王所化，欲试试婆罗门的，今见婆罗门求法如此诚恳，自然是十分欢喜赞叹。若在婆罗门因志求无上正法，虽弃舍身命亦何所顾惜呢！刚才所说：婆罗门如此求法困难，不惜身命。诸位现在不要舍身，而很容易地得闻佛法，真是大可庆幸啊！

还有一段故事，也是《涅槃经》上说的。过去无量劫时候，释迦牟尼佛，为一很穷困的人，当时有佛出世，见人皆先供养佛然后求法，己则贫穷无钱可供，他心生一计，愿以身卖钱来供佛，就到大街上去卖自己的身体。当在大街上喊卖身时，恰巧遇一病人，医生叫他每日应吃三两人肉，那病人看见有人卖身，便十分欢喜，因向贫人说："你每日给我三两人肉吃，我可以给你五枚金钱！"这位穷人听了这话，与那病人商洽说："你先把五枚金钱拿来，我去买东西供养佛，求闻佛法，然后每日把我身上的肉割下给你吃。"当时病人应允，即先付金钱。这穷人供佛闻法已毕，即天天以刀割身上的三两肉给病人吃，吃到一个月，病才痊愈。当穷人每天割肉的时候，他常常念佛所说的偈，精神完全贯注在法的方面，竟如没有痛苦，而且不久他的身体也就平复无恙了。这穷人因求法之故，发心做难行的苦行有如此勇猛。诸生现今在这院里求学，早晚皆得闻佛法，不但每日无须割去若干肉，而且有衣穿，有饭吃，这岂不是很难得的好机缘吗？

再讲一段故事，出于《贤愚经》。释迦牟尼佛在因地时候，有一次身为国王，因厌恶终其身居于国王位，没有什么好处，遂发心求闻佛法。当时来了一位婆罗门，对这国王说："王要闻法，可能把身体挖一千个孔，点一千盏灯来供养佛吗？若能如此，便可为你说法。"那国王听婆罗门这句话，便慨然对他说："这有何难，为要闻法，情愿舍此身命，但我现有些少国事未了，容我七天。把这国事交下着落，便就实行。"到第七天，国事办完，王便欲在身上挖千个孔，点千盏灯，那时全国人民知道此事，都来劝阻。谓大王身为全国人民所依靠，今若这样牺牲，全国人民将何所赖呢？国王说："现在你们依靠我，我为你们做依靠，不过是暂时；是靠不住的，我今求得佛法，将来成佛，当先度化你们，可为你们永远的依靠，岂不更好，请大家放心，切勿劝阻。"那时国王马上就实行起来。呼左右将身上挖了一千孔，把油盛好，灯芯安好，欣然对婆罗门说："请先说法，然后点灯。"

婆罗门答应，就为他说法。国王听了，无限地满足，便把身上一千盏灯，齐点起来，那时万众惊骇呼号。国王乃发大誓愿道："我为求法，来舍身命，愿我闻法以后，早成佛道，以大智慧光普照一切众生。"这声音一发，天地都震动了，灯光晃耀之下，诸天现前，即问国王："你身体如此痛苦，你心里后悔吗？"国王答："绝不后悔。"后来国王复向空中发誓言："我这至诚求法之心，果能永久不悔，愿我此身体即刻回复原状。"话说未已，至诚所感，果然身上千个火孔，悉皆平复，并无些少创痕。刚才所说，闻法有如此艰难，诸生现在闻法则十分容易，岂不是诸生有大幸福吗！自今以后，应该发勇猛精进心，勤加修习才是！

以前我曾居住开元寺好几次，即住在贵院的后面，早晚闻诸生念佛念经很如法，音声亦甚好听，每站在房门外听得高兴。因各种课程固好，然其他学校也是有的，独此早晚二堂课诵，是其他学校所无，而贵院所独有的，此皆是贵院诸职教员善于教导，和你们诸位努力，才有这十分美满的成绩。我希望贵院，今后能够继续精进努力不断进步，规模益扩大，为全国慈儿院模范，这是我最后的殷切希望。

关于净土宗

净土法门大意

今日在本寺演讲，适值念佛会期。故为说修净土宗者应注意的几项。

修净土宗者，第一须发大菩提心。无量寿经中所说三辈往生者，皆须发无上菩提之心。观无量寿佛经亦云，欲生彼国者，应发菩提心。

由是观之，唯求自利者，不能往生。因与佛心不相应，佛以大悲心为体故。

常人谓净土宗唯是送死法门（临终乃有用）。岂知净土宗以大菩提心为主。常应抱积极之大悲心，发救济众生之宏愿。

修净土宗者，应常常发代众生受苦心。愿以一肩负担一切众生，代其受苦。所谓一切众生者，非限一县一省，乃至全世界。若依佛经说，如此世界之形，更有不可说不可说许多之世界，有如此之多故。凡此一切世界之众生，所造种种恶业应受种种之苦，我愿以一人一肩之力完全负担。决不畏其多苦，请旁人分任。因最初发誓愿，决定愿以一人之力救护一切故。

譬如日，不以世界多故，多日出现。但一日出，悉能普照一切众生。今以一人之力，负担一切众生，亦如是。

以上但云以一人能救一切，是横说。若就竖说，所经之时间，非一日数日数月数年。乃经不可说不可说久远年代，尽于未来，决不厌倦。因我愿于三恶道中，以身为抵押品，赎出一切恶道众生。众生之罪未尽，我决不离恶道，誓愿代其受苦。故虽经过极长久之时间，亦决不起一念悔心，一念怯心，一念厌心。我应生十分大欢喜心，以一身承当此利生之事业也。以上讲应发大菩提心境。

至于读诵大乘，亦是观经所说。修净土法门者，固应诵《阿弥陀经》，常念佛名。然亦可以读诵普贤行愿品，回向往生。因经中最胜者，《华严经》。《华严经》之大旨，不出普贤行愿品第四十卷之外。此经中说，诵此普贤愿王者，能获种种利益，临命终时，此愿不离，引导往生极乐世界，乃至成佛。故修净土法门者，常读诵此普贤行愿品，最为适宜也。

至于做慈善事业，乃是人类所应为者。专修念佛之人，往往废弃世缘，懒做慈善事业，实有未可。因现生能做种种慈善事业，亦可为生西之资粮也。

就以上所说，（一）劝大家应发大菩提心。否则他人将谓净土法门是小乘、消极的、厌世的、送死的。（二）是复劝常读行愿品，可以助发增长大菩提心。（三）至于做慈善事业尤要。因既为佛徒，即应努力做利益社会种种之事业，乃若发心者，自无此能令他人了解佛教是救世的、积极的。不起误会、讥评。

关于净土宗修持法，于诸书皆详载，无须赘陈。故惟述应注意者数事，以备诸君参考。

净宗问辩

古德撰述，每设问答，遣除惑疑，翼赞净土，厥功伟矣。宋代而后，迄于清初，禅宗最盛，其所致疑多缘于此。今则禅宗渐衰，未劳攻破。而复别有疑义，盛传当时。若不商榷，或致诖乱。故于万寿讲次，别述所见，冀息时疑。匪曰好辩，亦以就正有道耳。

问：当代弘扬净土宗者，恒谓专持一句弥陀，不须复学经律论等，如是排斥教理，偏赞持名，岂非主张太过耶？

答：上根之人，虽有终身专持一句圣号者，而决不应排斥教理。若在常人，持名之外，须于经律论等随力兼学，岂可废弃。且如灵芝疏主，虽撰义疏盛赞持名，然其自行亦复深研律藏，旁通天台法相等，其明证矣。

问：有谓净土宗人，率多抛弃世缘，其信然欤?

答：若修禅定或止观或密咒等，须谢绝世缘，入山静习。净土法门则异于是。无人不可学，无处不可学，士农工商各安其业，皆可随分修其净土。又于人事善利群众公益一切功德，悉应尽力集积，以为生西资粮，何可云抛弃耶!

问：前云修净业者不应排斥教理抛弃世缘，未审出何经论?

答：经论广明，未能具陈，今略举之。观无量寿佛经云："欲生彼国者当修三福。一者孝养父母，奉事师长，慈心不杀，修十善业。二者受持三归，具足众戒，不犯威仪。三者发菩提心，深信因果，读诵大乘，劝进行者。如此三事，名为净业，乃是过去、未来、现在三世诸佛净业正因。"《无量寿经》云："发菩提心，修诸功德，殖诸德本，至心回向，欢喜信乐，修菩萨行。"《大宝积经》发胜志乐会云："佛告弥勒菩萨言：'菩萨发十种心。一者于诸众生，起于大慈，无损害心。二者于诸众生，起于大悲，无逼恼心。三者于佛正法，不惜身命，乐守护心。四者于一切法，发生胜忍，无执着心。五者不贪利养，恭敬尊重，净意乐心。六者求佛种智，于一切时，无忘失心。七者于诸众生，尊重恭敬，无下劣心。八者不著世论，于菩提分，生决定心。九者种诸善根，无有杂染，清净之心。十者于诸如来，合离诸相，起随念心。若人于此十种心中，随成一心，乐欲往生极乐世界，若不得生，无有是处。'"

问：菩萨应常处娑婆，代诸众生受苦。何故求生西方?

答：灵芝疏主初出家时，亦尝坚持此见，轻谤净业。后遭重病，色力痿羸，神识迷茫，莫知趣向。既而病瘥，顿觉前非，悲泣感伤，深自克责，以初心菩萨未得无生法忍。志虽宏大，力不堪任也。《大智度论》云：具缚凡夫有大悲心，愿生恶世救苦众生无有是处。譬如婴儿不得离母。又如弱羽只可传枝。未证无生法忍者，要须常不离佛也。

问：法相宗学者欲见弥勒菩萨，必须求生兜率耶?

答：不尽然也。弥勒菩萨乃法身大士，尘尘刹刹同时等遍。兜率内院有弥勒，极乐世界亦有弥勒，故法相宗学者不妨求生西方。且生西方已，并见弥陀及诸大菩萨，岂不更胜?《华严经普贤行愿品》云："到已，即见阿弥陀佛、文殊师利菩萨、普贤菩萨、观自在菩萨、弥勒菩萨等。"又《阿弥陀经》云："其中多有一生补处，其数甚多，非是算数所能知之，但可以无量无边阿僧祇说。众生闻者，应当发愿，愿生彼国。所以者何？得与如是诸上善人俱会一处。据上所引经文，求生西方最为殊胜也。故慈恩教主窥基大师曾撰《阿弥陀经》通赞三卷及疏一卷，普劝众生同归极乐，遗范具在，的可依承。"

问：兜率近而易生，极乐远过十万亿佛土，若欲往生不綦难欤？

答：《华严经普贤行愿品》云："一刹那中，即得往生极乐世界。"《灵芝弥陀义疏》云："十万亿佛土，凡情疑远，弹指可到。十方净秽同一心故，心念迅速不思议故。由是观之，无足虑也。"

问：闻密宗学者云，若惟修净土法门，念念求生西方，即渐渐减短寿命，终至夭亡。故修净业者，必须兼学密宗长寿法，相辅而行，乃可无虑。其说确乎？

答：自古以来，专修净土之人，多享大年，且有因念佛而延寿者。前说似难信也。又既已发心求生西方，即不须顾虑今生寿命长短，若顾虑者必难往生。人世长寿不过百年，西方则无量无边阿僧祇劫。智者权衡其间，当知所轻重矣。

问：有谓弥陀法门，专属送死之教，若药师法门，生能消灾延寿，死则往生东方净刹，岂不更善？

答：弥陀法门，于现生何尝无有利益，具如经论广明，今且述余所亲闻事实四则证之，以息其疑。

一、瞽目重明。嘉兴范古农友人戴君，曾卒业于上海南洋中学，忽而双目失明，忧郁不乐。古农乃劝彼念阿弥陀佛，并介绍居住平湖报本寺，日夜一心专念。如是年余，双目重明如故。此事古农为余言者。

二、沉疴顿愈。海盐徐蔚如旅居京师，屡患痔疾，经久不愈。曾因事远出，乘人力车摩擦颠簸，归寓之后，痔乃大发，痛彻心髓，经七昼夜不能睡眠，病已垂危。因忆华严十回向品代众生受苦文，依之发愿。后即一心专念阿弥陀佛，不久遂能安眠，醒后痔疾顿愈，迄今已十数年，未曾再发。此事蔚如尝与印光法师言之。余复致书询问，彼言确有其事也。

三、冤鬼不侵。释显真，又字西归。在家时历任县长，杀戮土匪甚多。出家不久，即住宁波慈溪五磊寺，每夜梦见土匪多人，血肉狼藉，凶暴愤怒，执持枪械，向其索命。遂大恐惧，发勇猛心，专念阿弥陀佛，日夜不息，乃至梦中亦能持念。梦见土匪，即念佛号以劝化之。自是梦中土匪渐能和驯，数月以后，不复见矣。余与显真同住最久，常为余言其往事，且叹念佛功德之不可思议也。

四、危难得免。温州吴璧华勤修净业，行住坐卧，恒念弥陀圣号。十一年壬戌七月下旬，温州飓风暴雨，墙屋倒坏者甚多。是夜璧华适卧墙侧，默念佛号而眠。夜半，墙忽倾圮，砖砾泥土坠落遍身，家人疑已压毙，相率奋力除去砖土，见璧华安然无恙，犹念佛号不辍。察其颜面以至肢体，未有毫发损伤，乃大惊叹，共感佛恩。其时余居温州庆福寺，风灾翌日，璧华亲至寺中向余言之。璧华早岁奔走革命，后信佛法，于北京温州杭州及东北各省尽力弘扬佛法，并主办赈济慈善诸事，临终之际，持念佛号，诸根悦豫，正念分明。及大殓时，顶门犹温，往生极乐，可无疑矣。

药师如来法门一斑

今天所讲，就是深契时机的药师如来法门。我近年来，与人谈及药师法门时，所偏注重的有几样意思，今且举出，略说一下。

药师法门甚为广大，今所举出的几样，殊不足以包括药师法门的全体，亦只说是法门之一斑了。

维持世法

佛法本以出世间为归趣，其意义高深，常人每难了解。若药师法门，不但对于出世间往生成佛的道理屡屡言及，就是最浅近的现代实际的人类生活亦特别注重。如经中所说："消灾除难，离苦得乐，福寿康宁，所求如意，不相侵陵，互为饶益"等，皆属于此类。就此可见佛法亦能资助家庭社会的生活，并能维持国家世界的安宁，使人类在这现生之中即可得到佛法的利益。

或有人谓佛法是消极的，厌世的，无益于人类生活的，闻以上所说药师法门亦能维持世法，当不至对于佛法再生种种误解了。

辅助戒律

佛法之中，是以戒为根本的，所以佛经说："若无净戒，诸善功德不生。"但是受戒容易，得戒为难，持戒不犯更为难。今若能依照药师法门去修持力行，就可以得到上品圆满的戒。假使于所受之戒有毁犯时，但能至心诚恳持念药师佛号并礼敬供养者，即可消除犯戒的罪，还得清净，不致再堕落在三恶道中。

清净得福

佛法的宗派非常之繁，其中以净土宗最为兴盛。现今出家人或在家人修持此宗，求生西方极乐世界者甚多。但修净土宗者，若再能兼修药师法门，亦有资助决定生西的利益。依《药师经》说："若有众生能受持八关斋戒，又能听见药师佛名，于其临命终时，有八位大菩萨来接引往西方极乐世界众宝莲花之中。"依此看来，药师虽是东方的佛，而也可以资助往生西方，能使吾人获得决定往生西方的利益。

再者，吾人修净土宗的，倘能于现在环境的苦乐顺逆一切放下，无所挂碍，则固至善。但是切实能够如此的，千万人中也难得一二。因为我们是处于凡夫的地位，在这尘世之时，对于身体衣食住处等，以及水火刀兵的天灾人祸，都不能不有所顾虑，倘使身体多病，衣食住处等困难，又或常常遇着天灾人祸的危难，皆足为用功办道的障碍。若欲免除此等障碍，必须兼修药师法门以为之资助，即可得到《药师经》中所说"消灾除难离苦得乐"等种种利益也。

速得成佛

《药师经》，绝非专说世间法的。因药师法门，唯是一乘速得成佛的法门。

所以经中屡云："速证无上正等菩提，速得圆满。"等。

若欲成佛，其主要的原因，即是"悲智"两种愿心。《药师经》云："应生无垢浊心，无怒害心，于一切有情起利益安乐慈悲喜舍平等之心。"就是这个意思。前两句从反面转说，"无垢浊心"就是智心，"无怒害心"就是悲心。下一句正说，"舍"及"平等之心"就是智心，余属悲心。悲智为因，菩提为果，乃是佛法之通途。凡修持药师法门者，对于以上几句经文，尤宜特别注意，尽力奉行。

假使不如此，仅仅注意在资养现实人生的事，则惟获人天福报，与夫出世间之佛法了无关系。若是受戒，也不能得上品圆满的戒。若是生西，也不能往生上品。

所以我们修持药师法门的，应该特别注意以上几句经文，依此发起"悲智"的宏愿。假使如此，则能以出世的精神来做世间的事业，也能得上品圆满的戒，也能往生上品，将来速得成佛可无容疑了。

药师法门甚为广大，上所述者，不过是我常对人讲的几样意思。将来暇时，尚拟依据全部经义，编辑较完备的药师法门著作，以备诸君参考。

最后，再就持念药师佛名的方法，略说一下。念佛名时，应依经文，念曰"南无药师琉璃光如来"，不可念消灾延寿药师佛。

药师法门修持课仪略录

药师如来法门大略，如大药师寺已印行之药师如来法门略录所载。

今所述者，为吾人平常修持简单之课仪。若正式供养法，乃至以五色缕结药叉神将名字法等，将来拟别辑一卷专载其事，今不述及。

欲修持药师如来法门者，应供药师如来像。上海佛学书局有石印彩色之像，可以供奉，宜装入玻璃镜中。供像之处，不可在卧室。若不得已，在卧室中供奉者，睡眠之时，宜以净布覆盖像上。

《药师经》，供于几上。不读诵时，宜以净布覆盖。

供佛像之室内，须十分洁净，每日宜扫地，并常常拂拭几案。

供佛之香，须择上等有香气者。

供佛之花，须择开放圆满者，若稍残萎，即除去。花瓶之水，宜每日更换。若无鲜花时，可用纸制者代之。

此外如供净水供食物等，随个人意。但所供食物，须人可食者乃供之，若未熟之水果及未烹调之蔬菜等皆不可供。

以上所举之供物，应于礼佛之前预先供好。凡在佛前供物或礼佛时，必须先洗手漱口。

此外如能悬幡燃灯尤善，无者亦可。

以下略述修持课仪，分为七门。其中礼敬赞叹供养回向发愿，必须行之。诵经持名持咒，可随己意，或唯修二法，或仅修一法，皆可。

一、礼敬

十方三宝一拜，或分礼佛法僧三拜。本师释迦牟尼佛一拜。药师琉璃光如来三拜。此外若欲多拜，或兼礼敬其他佛菩萨者，随己意增加。

礼敬之时，须至诚恭敬，缓缓拜起。万不可匆忙。宁可少拜，不可草率。

二、赞叹

礼敬既毕，于佛前长跪合掌，唱赞偈云：

归命满月界，净妙琉璃尊；法药救人天，因中十二愿；慈悲弘誓广，愿度诸众生；我今申赞扬，志心头面礼。

赞偈出药师如来消灾除难念诵仪轨。唱赞之时，声宜迟缓，宜庄重。

三、供养

赞叹既毕，于佛前长跪合掌，唱供养偈云：

愿此香花云遍满十方界一一诸佛土，无量香庄严具足菩萨道成就如来香。

供养毕，或随己意增诵忏悔文，或可略之。

四、诵经

字音不可讹误，宜详考之。

诵经时，或跪或立或坐或经行皆可。

五、持名

先唱赞偈云：

药师如来琉璃光焰网庄严无等伦，无边行愿利有情各遂所求皆不退。

续云，南无东方净琉璃世界药师琉璃光如来。以后即持念药师琉璃光如来名号一百八遍。若欲多念者，随意。

六、持咒

或据经中译音持念，或别依师学梵文原音持念，皆可。

或念全咒一百八遍。或先念全咒七遍，继念心咒一百八遍，后复念全咒七遍。心咒者，即是咒中唵字以下之文。

未经密宗阿阇黎传授，不可结手印。擅结者，有大罪。

持咒时，不宜大声，唯令自己耳中得闻。

持咒时，以坐为正式，或经行亦可。

七、回向发愿

回向与发愿大同，故今并举。其稍异者，回向须先修功德，再以此功德回向，惟愿如何云云。若先未作功德者，仅可云发愿也。

回向发愿，为修持者最切要之事。若不回向，则前所修之功德，无所归趣。今修持药师如来法门者，回向之愿，各随己意。凡《药师经》中所载者，皆可发之，应详阅经文，自适其宜可耳。

以上所述之修持课仪，每日行一次或二次三次。必须至心诚恳，未可潦草塞责。印光老法师云：有一分恭敬，得一分利益，有十分恭敬，得十分利益。吾人修持药师如来法门者，应深味斯言，以自求多福也。

问答十章

问：近世诸丛林传戒之时，皆令熟读毗尼日用切要（俗称为五十三咒），未审可否？

答：蕅益大师曾解释此义，今略录之。文云："既预比丘之列，当以律学为先。今之愿偈（即当愿众生等），本出华严。种种真言，皆属密部。论法门虽不可思议，约修证则各有本宗。收之则全是，若一偈、若一句、若一字，皆为道种。捡之则全非，律不律、显不显、密不密，仅成散善；此正法所以渐衰，而末运所以不振。有志之士，不若专精戒律，办比丘之本职也。"

问：百丈清规，颇与戒律相似；今学律者，亦宜参阅否？

答：百丈于唐时编纂此书，其后屡经他人增删。至元朝改变尤多，本来面目，殆不可见；故莲池、蕅益大师力诋斥之。莲池大师之说，今未及检录。唯录蕅益大师之说如下。文云："正法灭坏，全由律学不明。百丈清规，久失原作本意，并是元朝流俗僧官住持，杜撰增饰，文理不通。今人有奉行者，皆因未谙律学故也。"又云："非佛所制，便名非法；如元朝附会百丈清规等。"又云："百丈清规。元朝世谛住持穿凿，尤为可耻。"按律宗诸书，浩如烟海。吾人尽形学之，尚苦力有未及。即百丈原本今仍存在，亦可不须阅览；况伪本乎？今宜以莲池、蕅益诸大师之言，传示道侣可也。

问：今世俗众，乞师证明受皈依者，辄称皈依某师，未知是否？

答：不然！以所皈依者为僧伽，非唯皈依某师一人故。蕅益大师云："皈依僧者，则一切僧皆我师也。今世俗士，择一名德比丘礼事之，窃窃然矜曰：吾为某知识、某法师门人也！彼知识法师者，亦窃窃然矜曰：彼某居士、某宰官皈依于我者也！噫！果若此，则应曰：皈依佛、皈依法、结交一大德可也。可云皈依僧也与哉！"

问：近世弘律者，皆宗莲池大师沙弥律仪要略，未知善否？

答：沙弥戒法注释之书，以蕅益大师所著沙弥十戒威仪录要，最为完善；此书扬州刻版，共为一册，标名曰沙弥十法并威仪。价金仅洋一角余，若与初学之人讲解沙弥律者，宜用此书也。莲池大师为净土大德，律学非其所长。所著律仪要略中，多以己意判断，不宗律藏；故蕅益大师云："莲池大师专弘净土，而于律学稍疏。"又云："律仪要略，颇有斟酌，堪逗时机，而开遮轻重忏悔之法，尚未申明。"以此诸文证之，是书虽可导俗，似犹未尽善也。

问：沙弥戒第十，不捉持金银；今人应依何方法，乃能不犯此戒？

答：根本有部律摄云：比丘若得金银等物，应觅俗众为净施主；即作施主物想捉持无犯。虽与施主相去甚远，若以后再得金银等，应遥作施主物心而持之。乃至施主命存以来，并皆无犯。若无施主可得者，应持金银等物，对一比丘作是说："大德存念！我比丘某甲得此不净财，当持此不净财，换取净财。"三说已；应自持举，或令人持举，皆无犯也。

问：今世传戒，皆聚集数百人，并以一月为期，是佛制否？

答：佛世，凡受戒者，由剃发和尚为请九僧，即可授之；是一人别授也。此土唐代虽有多人共受者，亦止一二十人耳。至于近代，唯欲热闹门庭，遂乃聚集多众；故蕅益大师尝斥之云：随时皆可入道，何须腊八及四月八。难缘方许三人，岂容多众至百千众也。

至于受戒之时，不足半日即可授了，何须多日。且近代一月聚集多众者，亦只令受戒者，助作水陆经忏及其他佛事等，终日忙迫，罕有余暇。受戒之事，了无关系；斯更不忍言矣。故受戒决不须多日。所最要者，和尚于受前受后，应负教导之责耳。唐义净三藏云：岂有欲受之时，非常劳倦。亦既得已，戒不关怀，不诵戒经，不披律典。虚沾法伍，自损损他；若此之流，成灭法者！蕅益大师云："夫比丘戒者，乃是出世宏规，僧宝由斯建立。贵在受后修学行持，非可仅以登坛塞责而已；是故诱诲奖劝宜在事先，研究讨明功须五夏。而后代师匠，多事美观。遂以平时开导之法，混入登坛秉授之次；又受时虽似殷重，受后便谓毕功。颠倒差讹，莫此为甚。

问：今世传戒，有戒元、戒魁等名，未知何解？

答：此于受戒之前，令受戒者出资获得；与清季时，捐纳功名无异。非因戒德优劣而分也。此为陋习，最宜革除。

问：末世受戒，未能如法，决不得戒。未识更依何方便，而能获得比丘戒耶？

答：蕅益大师云："末世欲得净戒，舍此占察轮相之法，更无别途。"盖指依地藏菩萨占察善恶业报经所立之占察忏法而言也。按《占察经》云："（先示忏法大略）未来世诸众生等，欲求出家，及已出家，若不能得善好戒师及清净僧众，其心疑惑，不得如法受于禁戒者。但能学发无上道心，亦令身口意得清净已（礼忏七日之后，每晨以身口意三轮三掷，皆纯善者，即名得清净相）。其未出家者，应当剃发，被服法衣，仰告十方诸佛菩萨，请为师证。一心立愿称辩戒相。先说菩萨十根本重戒，次当总举菩萨律仪三种戒聚。所谓摄律仪戒（五、八、十具等）、摄善法戒、摄化众生戒。自誓受之，则名具获波罗提木叉出家之戒，名为比丘、比丘尼。"故蕅益大师于三十五岁退为沙弥，遂专心礼占察忏法，至四十七岁正月初一日，乃获清净轮相，得比丘戒。

以前：

约有戒论退为出家优婆塞，成时、性旦并受长期八戒。

约无戒论自誓受三皈五戒。长期八戒，菩萨戒少分。

授比丘戒缘，第四心境相应。

或心不当境，或境不称心，或心境俱不相应；并非法故。

问：若已破四重戒者，犹得再受比丘戒耶？

答：在家之人，或破五戒、八戒中四重。出家之人，或破沙弥、沙弥尼、式叉摩那、比丘、比丘尼戒中四重；并名边罪。若依小乘律，不得重受。若依梵网经，虽通忏悔，须以得见相好为期。今依《占察经》忏法，则以得清净轮相为期也。《占察经》云："未来之时，若在家、若出家众生等，欲求受清净妙戒，而先已作增上重罪（即是边罪），不得受者，亦当如上修忏悔法。令其至心，得身口意善相已；即可应受。"

问：古代禅宗大德，居山之时，则以三条篾、一把锄为清净自活。领众之时，又以一日不做一日不食为清规；皆与律制相背，是何故耶?

答：古代禅宗大德，严净毗尼，宏范三界者，如远公、智者等是也。其次，则舍微细戒，唯护四重；但决不敢自称比丘、不敢轻视律学。唯自愧未能兼修，以为渐德耳。昔有人问寿昌禅师云："佛制比丘不得掘地损伤草木。今何自耕自种?"答云："我辈只是悟得佛心，堪传佛意，指示当机，令识心性耳。若以正法格之，仅可称剃发居士，何敢当比丘之名耶?"又问："设令今时有能如法行持比丘事者，师将何以视之?"答云：设使果有此人，当敬如佛，待以师礼。"我辈非不为也，实未能也。又紫柏大师，生平一粥一饭，别无杂食。胁不着席四十余年，犹以未能持微细戒，故终不敢为人授沙弥戒及比丘戒。必不得已则授五戒法耳。嗟乎！从上诸祖，敬视律学如此，岂敢轻之，若轻律者，定属邪见，非真实宗匠也。

上列十章，未依次第；又以匆促撰录，或有文义未妥之处，俟后修正可也。

木轮相《不杀》

能示宿世所作善恶业种差别。

轮相有三种差别：

一观善恶种子有无；

二观善恶业力强弱；

三遍示三世受报差别。

共十轮。书十善十恶之名。一面书善，一面书恶，令使相对。则余两面皆空；故使善恶有现有不现也。

占时用初二：初轮念相应否（二皆有、不再掷；或再掷）。次轮，唯取前相应者问，不符再掷。

菩萨戒自誓受，依瑜伽羯磨（先羯磨，后戒相）。

比丘及比丘尼戒羯磨同上（菩萨一，比丘二）。年未满，似亦应依前羯磨受；年满时，仍依前羯磨受。行法第一、先洒净一增加（楞严咒绕坛）。礼忏七日后，掷三业（最好用九个，闭目三掷后再看）。

征辨学律义八则

问：我等受戒未能如法，将何以自解耶？若云受戒未能如法决定不得戒者，有何明文作证耶？

答：今先解释不得戒义：

一、结界成就（作法界）。

二、有能秉法僧（真实比丘），得比丘戒缘依羯磨录。

三、僧数满足（十人、五人，戒净解明）。

四、界内尽集和合（非别众）。

五、有羯磨教法（如法诵作）。

六、资缘具足（三衣及钵）。

以上六缘，若阙一者，即不得戒。今则悉阙，故不得戒义，可以决定无疑。沙弥戒于师授前，应在僧中作单白羯磨；故前五缘皆同，亦应判为不得。

问：既知未能得比丘戒，应有何妥善之办法耶？

答：今据拙见，拟定办法，分为二事：

一劝令礼占察忏仪，求得比丘戒。蕅益大师云："末世欲得净戒，舍此占察轮相之法，更无别途。"大师即依此法而得比丘戒也。此事易知，今不详述。

二于未得戒以前，为护法心，维持现状，不令断绝。令已受而未得者，学习比丘律。此事颇有疑问。后之辨释，皆约此也。

以上所言二事，第一为根本之办法；第二为维持现状之办法。此二事应同时并行，不可或缺。若唯有第二而无第一，则永远无真实比丘出现。若唯有第一而无第二，则过渡时代之现状不能维持；故须二事同时并行，乃为宜也。

问：非比丘，学比丘律，可有圣教作证耶?

将答此问，先须解释非比丘三字。非比丘三类：一约沙弥（此非问者本意所在）。二约已受沙弥、比丘戒，而不如法不得戒者（问者本意在此。以下答文，皆约此辨释。文中亦有时指前后二类者，为是兼明，非正意也）。三约未曾受沙弥、比丘戒者。

答：若欲觅求律中有制未得戒者必须学比丘律之明文，乃不可能之事；但可引文以证非比丘而学比丘律无有贼住之过失。又可引文以证已受比丘戒而不如法不得戒之白衣，虽在僧中闻正式作羯磨者亦不成贼住；依此义判：已受而不如法不得戒之白衣，或亦可以学比丘律。即在僧中闻正式作羯磨者，亦似无大碍也。

问：前云非比丘而学比丘律，无贼住过，有何文以为证耶?

答：灵芝律师《资持记》云："问：'私习秉唱，未具忽闻；及未受前，曾披经律，因读羯磨了知言义，成障戒否（即贼住）?'答：'准前后文，并论僧中正作，诈窃成障。安有读文而成障戒。'古来高僧，多有在俗先披大藏。今时信士，多亦如之；若皆障戒，无乃太急。学者详之。"又羯磨云："二者，有人不得满数应诃；谓若欲受大戒人。"灵芝律师《济缘记》释云："谓沙弥受戒，或曾披律，或复重来，晓达如非。旁无诃者，所为不轻，听自诃止。"曾披律者，既可求受大戒，足证无有贼住过矣。

问：前云已受比丘戒而不如法不得戒之白衣，雖在僧中闻正式作羯磨者亦不成贼住，此言尤足令人骇异。有何明文以为证耶?

答：羯磨云："三者，不得满数不得诃者……白衣……"南山律祖疏云："前十三难，有过障戒。此好白衣，受十具戒，虽并心净，不妨加法参差不成，仍本名故。"今案：我等已受戒而不如法不得戒者，即属此类；虽于僧中闻作羯磨，亦仅判为不得满数不得诃。决不云成贼住难，以无诈窃心故，而云此好白衣也。

问：已受而不得戒之白衣，若闻僧中正式作羯磨而无贼住难者，何以说戒羯磨时遣沙弥出耶?

答：灵芝律师资持记云："说戒遣未具者，恐生轻易，不论障戒；且如大尼亦遣，岂虑障戒耶？"

问：既不得沙弥、比丘戒，不堪为人世福田，虚消信施，罪果难逃耶？

答：南山律祖行事钞云："善见：檀越请比丘、沙弥虽未受具，亦入比丘数。涅槃：乃至未受十戒亦得受请。"灵芝律师资持记释云："论约法同（沙弥），经听形同（出家优婆塞）；无非皆为解脱出家，即堪受供。"故知不为解脱出家，虽是比丘，亦应云虚消信施。若为解脱出家，虽优婆塞，亦堪为人世福田。

问：当来真实比丘出现，如法传戒，即皆成为真实比丘，不须复云维持现状。当其时，若有未受比丘戒者，仍可引据前例而先学比丘律耶？

答：前文曾云："为护法心，维持现状不令断绝，令已受而未得者学习比丘律。"因引诸文曲为证明。余盖欲于过渡时代，勉强维持，冀延一线之传也。若当来皆成真实比丘，不须复立维持现状。即应依通途轨则，慎重其事。凡有未受比丘戒者，不须令其辄学律也。岂惟当来，即以现在而论，若未经受戒者，亦不须学。唯有已受戒而不如法不得戒者，乃可令其学律；若如是者，庶几无大过乎？

《华严经》读诵研习入门次第

读诵研习，宜并行之。今依文便，分为二章。每章之中，先略后广。学者根器不同，好乐殊致；应自量力，各适其宜可耳。龙集辛未首夏沙门亡言述。

一、读诵

若好乐简略者，宜读唐贞元译《华严经普贤行愿品》末卷（即是别行一卷，金陵版最善，共一册），唐清凉国师曰：今此一经，即彼四十卷中第四十也。而为华严关键，修行枢机，文约义丰，功高德广。能简能易，唯远唯深，可赞可传，可行可宝。故西域相传云：普贤行愿赞为略华严经，大方广佛华严经为广普贤行愿赞。或兼读唐译《华严经净行品》。清徐文蔚居士曰：当以净行一品为入手，以行愿末卷为归宿。又曰：净行一品，念念不舍众生。夫至念念不舍众生，则我执不破而自破。纵未能真实利益众生，而是人心量则已超出同类之上。胜异方便，无以逾此。

以上二种，宜奉为日课。此外，若欲读他品者，如下所记数品之中，或一或多，随力读之。《菩萨问明品》《贤首品》《初发心功德品》《十行品》《十回向品初回向章》《十忍品》《如来出现品》。（以上皆唐译。）若欲读全经者，宜读唐译（扬州砖桥法藏寺版最善，共二十册）。徐居士曰：读全经至第五十九卷《离世间品》毕，宜接读贞元译《普贤行愿品》四十卷，共九十九卷，较为完全。盖《入法界品》，晋译十六卷，唐译二十一卷，皆非全文。贞元译本，乃为具足。不独末卷十大愿王为必读之文，即如第三十八卷《文殊答善财修真供养》一章，足与末卷广修供养文互相发明，同为要中之要。而晋唐二译皆阙也（贞元译《普贤行愿品》亦法藏寺版，并十册）。

若有余力者，宜兼读晋译（金陵版共十六册）。徐居士曰：晋译亦宜熟读。盖贤首以前诸祖师引述华严，皆用晋译。若不熟读，则莫知所指。

二、研习

若好乐简略者，宜先阅《华严感应缘起传》（扬州版共一册）。

若欲参阅他种者，宜阅《华严悬谈》第七部类品会、第八传译感通二章（金陵版并八册，此二章载于卷二十五）。全经大旨，悬谈第七品会抄文，已述其概。若更欲详知者，宜阅《华严吞海集》（金陵版共一册）。并宜略阅唐译全经一遍，乃可贯通。若欲知《普贤行愿品》末卷大旨者，宜阅《普贤行愿品》第四十卷疏节录（附刊于下记之《华严纲要》后）。又读他品时，宜读《华严纲要》此品释文（北京版共三十二册）。

若更欲穷研者，宜依《大藏辑要》目录提要“华严部”所列者随力阅之（提要载于《天津居士林林刊》，又转载于绍兴《大云杂志》）。更益以此宗诸祖撰述等。兹不具录（徐居士近辑《续大藏辑要目录提要》、华严部详载之）。

《华严合论》最后阅之。徐居士曰：所以劝学者研究华严，先疏后论者，以疏是疏体，解得一分即获一分之益，解得十分便获十分之益。终身穷之，而勿能尽。纵使全不能解，亦可受熏成种，有益而无损。论是论体，利根上智之上，读之有大利益。而初心学人，于各种经教既未深究，于疏钞又未寓目，则于论旨未易领会。但就论文瀕预笼统读去，恐难免空腹高心之病。莲池大师谓统明大意，则方山专美于前；极深探赜，穷微尽玄，则方山得清凉而始为大备。斯实千古定论，方山复频繁，不易斯言。

持非时食戒者应注意日中之时

比丘戒中有非时食戒，八关斋戒中亦有之。日中以后即不可食。又依《僧祇律》，日正中时，名曰时非时，若食亦得轻罪。故知进食必在日中以前也。

日中之时，俗称曰正午。常人每月日晷仪置于日光之下，俟日晷仪标影恰至正午，即谓是为日中之时。因即校正钟表，以此时为十二点钟也。然以此方法常常核对，则发现可怀疑者二事。一者，虽自置极精良正确之钟表，常尽力与日晷仪核对，其正午之时每与日晷仪参差少许，不能符合。二者，各都市城邑之标准时钟，如上海江海关、大自鸣钟等，其正午之时，亦每见其或迟或早，茫无一定也。今说明其理由如下：

依近代天文学者言，普通纪日之法皆用太阳，而地球轨道原非平圆，故日之视行有盈缩，而太阳日之长短亦因是参差不齐。泰西历家以其不便于用，爰假设一太阳，即用真太阳之平均视行为视行，称之曰平太阳。平太阳中天时谓之平午。校对钟表者即依此时为十二点钟。若真太阳中天时，则谓之视午。就平午与视午相合或相差者大约言之，每年之中，唯有四天平午，与视午大致相合，余均有差。相差最多者，平午比视午或早十五分或迟十六分。其每日相差之详细分秒，皆载在吾国教育部中央观象台所颁发之历书中。

若能了解以上之义，于昔所怀疑者自能祛释。因钟表每日有固定同一之迟速，决不允许参差，而真太阳日之长短，则参差不齐。故不能以真太阳之视午而校正钟表，恒定是为十二点钟也。其各都市城邑之标准时钟皆据平午，以教育部历书核对即可了然。

吾人持非时食戒者，当依真太阳之视午而定日中食时之标准，决不可误据平午而过时也。至于如何校正钟表可各任自意。或依平午者，宜购求教育部历书核对，即可知每日视午之时。若如是者，倘自置精良正确之钟表，则可不必常常校对拨动。否则仍依旧法，以日晷仪之正午而校正钟表，恒定是为十二点钟，此亦无妨。但须常常核对日晷仪，常常拨动钟表时针。因如前所说真太阳日之长短参差不齐，未能如钟表每日有固定同一之迟速也。又近代天文学者以种种之理由，而斥日晷仪所测得者未能十分正确。此说固是，但其差舛甚微，无足计也。

南山律苑住众学律发愿文

佛菩萨祖师之前，同发四弘誓愿：一愿学律弟子等，生生世世永为善友，互相提携，常不舍离。同学毗尼，同宣大法，绍隆僧种，普利众生；一愿弟子等学律及以弘法之时，身心安宁，无诸魔障，境缘顺遂，资生充足；一愿当来建立南山律院，普集多众，广为弘传。不为名闻，不求利养；一愿发大菩提心，护持佛法。誓尽心力，宣扬七百余年淹没不传之南山律教，流布世间。冀正法再兴，佛日重耀；并愿以此发宏誓愿，及以别发四愿功德，乃至当来学律一切功德，悉以回向法界众生；惟愿诸众生等，共发大心，速消业障，往往极乐，早证菩提！伏乞十方一切诸佛本师释迦牟尼佛极乐世界、阿弥陀佛观世音菩萨、摩诃萨地藏菩萨、摩诃萨南山道宣律师、灵芝元照律师、灵峰蕅益大师，慈念哀愍，证明摄受！

说经悟佛精妙录

一、若失本心，即当忏悔。忏悔之法，是为清凉。(《金刚三昧经》)

本心即禅宗讲的真如本性，教下讲的菩提心，《大乘起信论》讲的直心、深心、大悲心，《观经》讲的至诚心、深心、回向发愿心，儒家讲的诚意、正心。大乘佛法通常讲的四弘誓愿、六度——布施心、持戒心、忍辱心、精进心、禅定心、般若心，这都是大乘菩萨的本心。净宗所讲的清净心、平等心、觉心是本心。就净宗总括来说就是一句阿弥陀佛心。这个心要是失掉，立刻就要忏悔。忏是忏摩，悔是悔过，此梵华合一名词。忏摩是发露，悔是改过自新。真心悔改，心地即清凉。我们的心若不清净不平等，觉心就失掉了，应立刻忏悔。祖师大德劝我们老实念佛，这一句阿弥陀佛包括宗门教下所讲的本心统统在内，一个也没有除外。佛号断掉了，立刻提起来即是忏悔。忏悔不是叫你天天想已做的事，这个错了，那个错了，如再这样想就是再造罪，每想一次即再造一次。已做的过失知道了，以后不再做叫忏悔，至于究竟圆满彻底的忏悔就是念一句阿弥陀佛，不怀疑，不夹杂，不间断，五逆十恶的罪业都能彻底铲除，怎能不清凉呢?

二、菩萨若能随顺众生，则为随顺供养诸佛。若于众生尊重承事，则为尊重承事如来。若令众生生欢喜者，则令一切如来欢喜。(《华严经》普贤行愿品)

学佛同修对佛菩萨都愿意随顺供养尊重承事，而对于众生则忽略了。试想泥塑木雕的佛菩萨像只是一个象征，启发我们的本性，见到佛要尊重。《华严经》说："一切众生本来是佛。"《无量寿经》说："一切众生皆成佛。"所以随顺供养尊重承事一切众生就是随顺供养尊重承事诸佛。现在问题来了，假如这个众生无恶不作，思想行为都是违逆本性的，也要随顺吗？佛在世时弟子们已经代我们请示，佛说不可以随顺，善行善事应随顺，恶行恶事不随顺。见其作恶，以真诚慈悲心劝导之，如其不听即随他去，不再说，佛法称之为"默摈"。佛教我们隐恶扬善，心中只记好事，不记恶事，如常记恶事，心就不清净了。我们从佛所学，可以完全应用于日常生活中，所以它是世出世间最好的教育。

普贤行是建立在六度基础上，如盖一栋大楼有五层，普贤行是第五层，第四层是大乘菩萨六度，其中最重要的一项是般若度。六度的基础建立在三学戒、定、慧上，三学的基础建立在十善上，十善是人天乘，十善的基础建立在五德上。五德以孔夫子为典范，当年孔门学生谈到夫子的德行有五项，即温、良、恭、俭、让，以五德的基础修十善，以十善修三学，以三学修六度，以六度修普贤行。我们净宗学会在行门上提倡的德目即由此而来。另外还加了一个六和，六和最重要，家和万事兴，不和没有前途，个人与团体都要毁灭。果能照以上步骤修行，能使一切众生与一切诸佛欢喜。

三、我若多嗔及怨结者。十方现在诸佛世尊皆应见我，当作是念：云何此人欲求菩提而生嗔恚及以怨结？此愚痴人。以嗔恨故，于自诸苦不能解脱，何由能救一切众生？（《华严经修慈分》）

此段经文值得我们每天随时警惕。嗔恚是三毒之根，起了嗔恚心必与众生结怨。平时对人对事对物常犯此病，必须深自悔责。为什么自己智慧不开，功夫不得力没有进步，其主要原因即是贪、嗔、痴未断。《华严》是佛对法身大士所说，菩萨立志存心是自度度他，如还有嗔恚，结怨于人，则自度度他的目标就达不到了。佛菩萨对于多嗔的人在想，此人欲求菩提为什么还会生嗔恚心与人结怨？这与他的心愿恰恰颠倒，有嗔恚即不能断烦恼，也不能证解脱得自在。怨结另有一解，佛说："十善厚友，十恶冤家。"怨结亦可以指十恶而言。

四、迦叶白佛："我等从今，当于一切众生生世尊想。若生轻心，则为自伤。"佛言："善哉快论。"（《首楞严三昧经》依宝王论节文）

此文是把一切众生都看作佛，其效果生平等心。有人问我如何修平等心，我说你家里一定有佛堂供有佛像，把你最恨的人写一长生牌位供在佛像旁边，每天香花供养他如佛。他说这样不行，我见到他就讨厌。此乃功夫不够，应再用功修，几时见到此人不觉讨厌，还要尊敬他，自他平等，心就清净了。清净、平等，觉是三而一，一而三，一个得到了，其余两个也得到了。

五、应代一切众生受加毁辱。恶事向自己，好事与他人。（《梵网经》）

《梵网经》是大乘菩萨戒经，也是一个大部头的经。传到中国来只把其中之一品翻译过来，即心地戒品，上卷心地观法，下卷讲戒律。学作菩萨有一个很重要的条件，要能承受代众人之毁辱。一切过错自己承当，好事让与别人，可以消除我们无始劫以来的贪嗔罪业，这与世间人恰好相反。如非真正觉悟，很难做到，一定要在日常生活中锻炼。

六、离贪嫉者能净心中贪欲云翳，犹如夜月。众星围绕。（《理趣六波罗蜜多经》）

《理趣六波罗蜜多经》台湾有单行本流通。一切众生大的烦恼是贪嗔，忌妒是嗔恚之一分。佛在一切经论中，常常劝我们把贪嗔痴三毒烦恼断掉，这是修行的根本。心中有三毒才遇到外面的毒害，假如心中无三毒，喝毒药如饮甘露，因心内无毒，它不起作用。若遇毒虫咬伤，应生惭愧心。民国初年印光大师住的寮房中有臭虫跳蚤蚊虫等，都不驱除。小侍者欲为大师清理，大师不许，并说：我的德行不够，留着它们叫我改过自新。大师七十岁以后，所住的房间没有一个臭虫跳蚤。大师是做一个样子给我们看，他可以做到，每个人都可以做到。晚间没有浮云，可以看到星星月亮清清楚楚，比喻人若离开贪嫉，则心中清净，见事不逡。

七、生死不断绝，贪欲嗜昧故。养怨入丘冢。虚受诸辛苦。（《大宝积经·富楼那会》）

生死是大事，能真正知道了生死才算是一个觉悟的人，如不知了生死，学任何法门都脱离不了轮回。就法门说，一律平等并无高下。贪是贪爱，欲是欲望，嗜是嗜好。在这个世间，还贪爱这样，贪爱那样，想离开娑婆就难了，我们生生世世都在修行而没有能出三界，仍在轮回，就是因为贪欲嗜味。若不离开，如养冤家，一生修行全落空。这个偈子就是我们生生世世的写照，始终没有离开辛苦。特别在这个时代，第一，同修贵精不贵多，志同道合，真修实练，不是人多凑热闹。第二，道场重实质，有学风道风，不重形式，香火鼎盛没有用。

第三，修行在修清净心，其他神通感应都不重要。

八、是身如掣电，类乾闼婆城，云何于他人。数生于喜怒？（《诸法集要经》）

此从比喻说，人命无常，如闪电之刹那生灭。《金刚经》说："一切有为法，如梦幻泡影，如露亦如电，应作如是观。"乾闼婆城是幻象，非真实。世间万法无常，如执着有我有常就痛苦了。起心动念，顺自己意思，生欢喜心；不合自己意思，生嗔恚心。不知道一切事都是假的，一场梦而已。

九、嗔恚之害则破诸善法。坏好名闻，今世后世，人不喜见。（《佛遗教经》）

世尊当年在世讲经说法，常常提到嗔恚之害。嗔恚对于修行有莫大障碍，如佛门中说："一念嗔心起，百万障门开。"又说："火烧功德林。"火为嗔恚之火，一发脾气，功德就没有了。功德与福德不同，功德是定慧，一发脾气，定就失掉了，跟着慧也没有了。福德不会失掉。名闻是荣誉，为社会大众所尊重赞叹者，虽有好名闻，也会被嗔恚所破坏，因为人不喜见也。

十、行少欲者，心则坦然，无所忧畏，触事有余。常无不足。（《佛遗教经》）

人生在世都希望有一个幸福快乐的生活，然幸福快乐由哪里来呢？绝不是由修福而来，今天的富贵人或高官厚禄者，他们日日营求，一天到晚愁眉苦脸，并不快乐。修福只能说财用不虞匮乏，修道才能得到真幸福。少欲知足是道，欲是五欲六尘，生活不缺，受用够了就行，不必贪多，吃得饱，穿得暖，住得舒适就行了。生活悠悠自在是真幸福，绝不在乎有多少财富与产业。无忧无虑，没有牵挂，所谓心安理得，道理明白，事实真相清楚，心就安了。六根接触六尘境界不迷，处世待人接物恰到好处，自然快乐。

十一、身语意业不造恶。不恼世间诸有情。正念观知欲境空，无益之苦当远离。（《有部律》周利槃陀伽尊者，三月不能诵得，即此伽陀也。）

世尊的弟子中有一位名周利槃陀伽者，根机很钝，其兄教他读诵上项偈子，经过三个月之久都背诵不出来，认为不可造就，令其回家，他哭泣不肯去。世尊见到，教他两句偈，后来他证得罗汉，大开圆解，辩才无碍。世尊说周利槃陀伽前生是一位三藏法师，会讲经说法，但是吝法，教人总要留一手，所以今生得愚痴报。身语意三业不造恶不恼害众生。正念观察人生享受五欲六尘与外面境界都是空的，欲属心法，境属色法，二皆非实。《心经》与《百法明门论》都讲到这个问题。百法中前面九十四种属有为法，心法属"欲"，色法属"境"，一切法归纳起来不外心、色二法，亦即此偈中所说的欲、境二字。《金刚经》说："一切有为法，如梦幻泡影。”叫我们观想，为什么不要造恶，不要恼害有情，因为万法都是空的。缘生体空，而因果不空，造恶必受恶报。另外还叫我们不要修无益的苦行。小乘人着相修苦行，有时修得很冤枉，大乘则否。但是佛在戒经中常常赞叹苦行，因人肯吃苦，才能断绝一切贪、嗔、痴、慢，不取奢华享受。生活平淡，可以激发道心。佛教周利巢陀伽两句偈是：“守口摄意身莫犯，如是行者得度生。”教了上一句，下一句又忘了，教了下一句，上一句又忘了。以周尊者之钝才尚能证到罗汉，我们比他总好一点儿，若今生不能成就，毋乃太自弃了。

十二、名誉及利养，愚人所爱乐，能损害善法，如剑斩人头。（有部律）

自古以来世间人为了名利，不择手段，不怕因果，造了许多罪恶，此迷惑颠倒之人所喜爱，真正觉悟的人不要。纵然得到也不要，为避免祸害，成全功德，有利与大家享受，仔细想想道理不难明白。人在世间一切享受够用就行了，衣服够穿就行了，吃能吃多少？住房能遮蔽风雨就行了，不必大厦别墅。在美国我见过很大的住宅，设备豪华，我在里面坐坐很舒服，喝喝茶，享受享受，但是主人苦了。为收拾房子，操心受累，受很大压力，所为何来？聪明人应不做糊涂事。

十三、世间色声香味触，常能诳惑一切凡夫，令生爱著。（智者大师）

“色、声、香、味、触”是五尘，属于物质，再加上一个“法”，名为六尘，法属于知识。眼所见者为色，耳所闻者为声，鼻所嗅者为香，舌所尝者为味，身所接触者为触。这都是外面的环境，容易迷惑人，令人生起贪嗔痴慢。为了追求物欲享受，使人生起爱著，一爱一执着，毛病就来了。心被境界所转，即是凡夫。佛在一切经论中。常常提醒我们要修行，行是生活行为，在生活行为中难免发生很多错误，修正错误的行为谓之修行。五尘都是虚假的，可以受用，不可以爱著。佛菩萨对五欲六尘亦享受，但不执着，没有爱、取、有，没有分别执着，永远在定。

符按文内提到法字，法师解释为知识，甚为恰当。仍恐初机对于法字之含义，究何所指，尚有疑惑，兹略补充之。法字梵语为达摩，乃通于一切之谓，包罗万象，一切事事物物，不论眼见耳闻，即看不见，听不到，有形无形，真实虚妄，而为心思所想及者均称为法。世间法与出世间法均包括在内，故又称一切法。

十四、嗔是失佛法之根本，坠恶道之因缘，法乐之冤家，善心之大贼，种种恶口之府藏。（智者大师）

佛在《楞严经》上讲到世间现象比其他经典讲得详细，其他经只讲六道，而《楞严》讲七趣，多一个仙道。七趣经文很长，讲地狱道几乎占了一半，特别详细，叫我们小心谨慎，不要堕地狱。嗔恚是地狱道之业因，贪爱是饿鬼道之业因，愚痴是畜生道之业因。佛法是什么？佛是觉的意思。法是一切万法，对一切万法觉而不迷就是佛法。嗔恚心一起来就迷了，觉性就丧失了，故称失佛法之根本。我这次在圣荷西讲经，有人提出学佛总是进进退退的问题，这是因为在修学过程中，功夫不够，没有得到法喜。古人学佛，最初五年学戒，遵照老师的教诲，依照老师指定的课程用功，第一个阶段成就，即能得到法喜。精神饱满，不易疲倦。俗语说："人逢喜事精神爽。"我们看古今大德，修学不疲不厌。吃的是粗茶淡饭，睡眠时间很少，修持不懈，勇猛精进，其精神是由法喜中来的。心里很想修善行，行善事，但被三毒障碍，不能自主。种种恶口之府藏乃是口业的来源，修行就是要在日常生活中处世、待人接物，时时刻刻要警惕，回光返照，此之谓觉察，也是禅宗的观照功夫。

十五、凡夫学道法，唯可心自知，造次向他道。他即反生诽。谛观少言说，人重德能成，远众近静处，端坐正思维。但自观身行，口勿说他短，结舌少论量，默然心柔软。无知若聋盲，内智怀实宝，头陀乐闲静。对修离懈惰。（道宣律师）

发心学道，如道业有成。只可自己知道，不必向人家说，说了他未必信，反而生毁谤。他为什么要毁谤三宝呢？是你给他的增上缘，将来他堕落三途，你也跑不掉。阎王爷问他，你为什么毁谤三宝，他说这是某人引我说的，所以你也有份。佛菩萨教化众生能观机，如不契机，他不能接受即不说，即无过失。凡夫无观机能力，最好少说。谛观是仔细观察，少说话。远离热闹场所，道力不坚，往往不知不觉即被繁华气氛污染，使自己退失道心。古人修道多在深山，不但远离都市，也远离乡村，与外面社会完全断绝，心容易清净，在今天这个时代很难做到。现在大陆丛林都变成观光区，想找一个清净场所已不可能。佛早有预见，他在《法华经》中说，在末法时期要用大乘法度人，不要用小乘法。大乘是开放的，能适应时代潮流，小乘是保守的。

"端坐正思维"这句话不能看呆，六祖大师在《坛经》中讲"坐禅"并不是打坐，坐是不动，心不动叫坐，对五欲六尘不动心谓之坐。禅是不著相，外不著相曰禅，内不动心曰坐。所以《华严经》鬻香长者在市场中修身，在市场中观赏，样样清楚，样样不执着，不起心动念。真正修行人最要观察自己起心动念，所作所为，是否与佛的教诲相应。少批评人，少说是非长短。身口意三业，口业最易犯，往往障碍了自己与大众的修学。少发议论，心中自然清净慈悲。“无知”即古人所讲的大智若愚，心中有真实的智慧，有觉、正、净自性三宝，生活方面不求享受，喜欢悠闲清净，这叫真正享受。在修持方面，永远精进不退，懈怠堕落都能离开。

十六、处众处独，宜韬宜晦，若哑若聋，如痴如醉，埋光埋名，养智养慧，随动随静，忘内忘外。（翠严禅师）

与大众相处或独处绝不能炫耀自己，显露自己的才华。要做到韬光养晦，必须如痴如聋。修行人不要知名度，俗话说：“人怕出名猪怕肥。”人一出名，忌妒、障碍、陷害、诽谤全来了。培养自己的真实智慧，智慧靠养，不是学来的。读书多是知识，儒家说：“记问之学不足为人师。”因为不是你自己领悟的。智慧是由定来的，不是外来的，要养。心清净到一定的程度才产生智慧，因定生慧。内不动心，外不著相，内外是二，二都没有就是一，才能达到一真法界。如仍有内外，仍在十法界中。

十七、我且问你，忽然临命终时，你将何抵敌生死？须是闲时办得下，忙时得用，多少省力。休待临渴掘井，做手脚不迭，前路茫茫，胡钻乱撞。苦哉苦哉。（黄檗禅师）

如果在生死交关的时候，你有什么办法呢？这是一个严肃的问题，也是修行人时时刻刻提醒自己的问题。黄泉路上无老少，人人都应警惕，有充分准备，临时就不会慌张。平时要做功夫，这一天到来就能派上用场。禅宗如不大彻大悟，明心见性，纵然有定功，如大限来临心不乱，看他定功的深浅程度可以生天，但出不了三界。宗门大德，晚课都念阿弥陀佛，念《阿弥陀经》。平常把这一句佛号念好，到临终时，阿弥陀佛必来接引。幸勿临渴掘井，等病苦现前才找几位同修助念，效果很小，恐无济于事。可能随业力乱撞到三途，三途容易进去，但很难出来。

十八、鼻有墨点。对镜恶墨，但揩于镜，其可得耶？好恶是非。对之前境，不了自心。但尤于境，其可得耶？洗分别之鼻墨。则一镜圆净矣。万境咸真矣。执石成宝矣。众生即佛矣。（飞锡法师）

照镜子看见鼻子上有一墨点，很讨厌，擦镜子一定没有用。外面的如同镜子，境界是缘，引起了心中的好恶是非。如回光返照，观察自心，即能觉悟。修道人知道是非好恶是内心起了分别，外面并没有是非好恶。石头与宝石并无两样。现在科学发达，此种理论更可证实。万法平等，万法一如，无高下之分。《金刚经》上说，世界是一合相。"一"是科学家说的基本物质，或称为原子电子，佛家称之为微尘。所有一切物质均为它的组合，一合相是平等的，一切现象是缘聚缘散，缘聚则生，缘散则灭。一切万象不生不灭，此种学说逐渐将为现代科学所证明。我们起了错觉，才有善恶是非。众生与佛亦无差别。石头是一合相，宝石也是一合相，只是化学的方程式排列不同而已。

十九、修行人大忌说人长短是非，乃至一切世事非干己者。口不可说，心不可思。但口说心思，便是昧了自己。若专炼心，常搜己过，哪得工夫管他家屋里事？粉骨碎身，唯心莫动。收拾自心如一尊木雕圣像坐在堂中，终日无人亦如此。幡盖簇拥香花供养亦如此。赞叹亦如此。毁谤亦如此。修行人常常心上无事，时时刻刻体究自己本命元辰端的处。（盘山禅师）

修行人对于自己不相干的事不要去听，也不要打听，不必想知道。古人说："知事少时烦恼少，识人多时是非多。"凡是对于清净心有妨碍者，都要远离。反之，心就迷了。在日常生活中常发现自己的过失，就是开悟。悟了才能改过自新。自己有过失而自己不知道，有人说我的过失，若是修行人马上向此人恭敬顶礼。迷惑的人听了，马上就发脾气。身是假的，心是真的。身比作佛堂，心比作佛像，心不可动。一个人独处也是如此，在热闹场面心仍不动，赞叹毁谤亦不放在心里，心永远是定的。修行人心中无事叫真功夫。体究自己本命元辰端的处，即是参究父母未生前的本来面目，也就是随时提起正念功夫。就净宗说，就是时时刻刻提起一句佛号，历历分明，不夹杂，不间断。心中无事就不夹杂，净念相继就不间断。

二十、元无我人，为谁贪嗔？（圭峰法师）

这两句话非常难懂，我与人在世间法里都承认的，为什么说没有？这是很高的境界，世间人以妄为真，不能辨别一切法之真假。现在科技相当发达，对于一切事物之真相渐渐明了，亦只限于极少数科学家，而一般大众依旧执着身是我，以及缘生之物确实存在。小乘人执着空，所以这是罗汉以上之境界。执着有是业障烦恼，执着空虽可免六道轮回，但万物的真相他见不到。唯有菩萨遵从诸佛如来的真实教诲两边都不执着，这种境界谓之中道，如果他执着中道又坏了，连中道都不执着，所谓“两边不立，中道不存”，才能见到宇宙人生的真相。学者如常常用此二句“元无我人，为谁贪嗔？”提醒自己，帮助自己断烦恼，念佛功夫成片，确实是一个好方法。

二十一、报缘虚幻。不可强为。浮世几何，随家丰俭。苦乐逆顺，道在其中。动静寒温，自愧自悔。（佛眼禅师）

报指身体，缘指这一生遭遇的环境，我们这一生的境遇，全是虚幻不实的。觉悟的人生活随缘就自在了。不觉悟的人造作强为，以自己的心意为所欲为，就是造业。虚幻的世间无常，人命苦短，祖师们嘱咐我们随家庭之丰俭，安分度日，无论苦乐顺逆均属三世因果。觉悟之人心中清楚，在日常生活中，心清净不动。佛弟子大迦叶尊者修苦行，心地清净，智慧圆满。善财童子生于富贵家庭，心中亦如如不动，不为环境所转，此之谓道在其中，道是觉悟的心。在生活活动与环境变化之中，被环境所转而不能觉悟就应当忏悔，自己努力悔过。

二十二、学道人逐日但将检点他人的功夫，常自检点。道业无有不办。或喜或怒或静或闹，皆是检点时节。（大慧禅师）

一般人总见到他人的过失，假如能倒过头来只观察自己，以批评别人的心批评自己，就是修行。在日常生活中，任何喜怒动静情况都可以检点自己。

二十三、化人问幻士，谷响答泉声，欲达吾宗旨。泥牛水上行。（永明禅师）

禅宗境界的话，不能想，一想就错了。参禅不用意识。这偈子请各位参参。如人饮水，冷暖自知。

二十四、千峰顶上一茅屋，老僧半间云半间，昨夜云随风雨去。到头不似老僧闲。（归宗芝庵禅师）

此偈依文解义尚容易了解，即云随风雨去，老僧仍处茅屋中不为境转。是否如此简单，请各位参参。

二十五、过去事已过去了，未来不必预思量；只今便道即今句，梅子熟时栀子香。（石屋禅师）

过去的事不要再想，未来的尚未到，何必操心。聪明人抓着现在。梅子栀子都是有季节性的，一定要把握时节因缘，不能空空放过。

二十六、即今休去便休去，若觅了时无了时。（云峰禅师）

符按古禅宗大德见面互相问询，出词吐语，往往内含禅机，局外人听不懂。因为他们多为得道高僧，乃称性而谈，非用意识。我们对于佛法一知半解，焉能领会。若是研究揣摩，等于瞎猜，枉费时间、白费事。不如认为我的智慧太差，参禅学密，根本甭谈，只能死心塌地专念一句阿弥陀佛，求生净土，比较可靠。印光大师说，一千七百则公案，如果你有一条不懂，你就全不懂。况且参禅不开悟，不能了生死。恢虚大师说过，学禅的人得定者他见过，但他从未见过一位开悟者，可见修禅是难行道，聪明人应有所选择。

二十七、琐琐含生营营来去者。等彼器中蚊蚋，纷纷狂闹耳。一化而生。再化而死，化海漂荡，竟何所之？梦中复梦。长夜冥翼，执虚为实，曾无觉日，不有出世之大觉大圣，其孰与而觉之欤？（仁潮禅师）

琐是琐碎，微不足道，即指芸芸众生。营营是忙碌不停，等于蚊虫在器皿中乱飞乱撞。化是变化，生死是变化，化海即六道轮回，何时才能有个头绪。人生实在是梦中之梦，等证到罗汉果，才恍然大悟，知道已往乃是一场梦。明心见性，证得法身大士，想到从前做罗汉时也是在做梦。六道众生把假的当作真的，无始以来从未悟过，假如不是世尊把宇宙人生真相告诉我们，我们怎会晓得。

二十八、纵宿业深厚，不能顿断，当方便制抑。自劝自心。（妙禅师）

修行用功非常重要。过去生生世世所造恶业，累积到今生成为习气。习气若深厚，则障碍了清净心，障碍了智慧，障碍了德能，障碍了学习。参禅念佛最常见的习气是昏沉掉举。虽不易除，总要设法克服，提高警觉，遇到昏沉掉举即一心念佛。如无效，可改用读经或研究经典以克制之。

二十九、放开怀抱，看破世间，宛如一场戏剧。何有真实？（莲池大师）

世间事不容易看破，但是看戏就容易体会是假的。人生又如梦境，梦醒之后，想想梦里的境界均非真实。佛在经中常劝我们不要造恶，他说："万般将不去，唯有业随身。"明白这个道理，决定不造恶业。在世间吃亏上当，还是欢欢喜喜地接受，因为知道全是假的。如此行之，自然不受外面境界的影响。净宗无比殊胜的特点是教我们抓着一个真实的法门，只念一句"阿弥陀佛"，就能超越三界，一生成就，为其他任何宗派所无。其他宗派要想一生圆满成就是不可能的。假如有可能的话，华严会上文殊普贤又何必求生净土。中国两千年来，历代祖师大德，禅宗大彻大悟，教下大开圆解，最后都念佛求生净土，此乃彻底觉悟之人。什么都是假的，只有念佛是真实的。

三十、达宿缘之自致。了万境之如空，而成败利钝。兴味萧然矣。（莲池大师）

“宿缘之自致”是了解三世因果报应，善有善报，恶有恶报，外面的境界全是空的。佛说人生为酬业而来，富贵是前生修福，贫穷是前生做不善业，聪明是前生修法布施，一饮一啄莫非前定。了解此种事实，人生实在没有什么味道，完全被业力牵着鼻子走。一般人对于世间事兴趣很浓，仍然愿意在这个花花世界随波逐流，乐此不疲，也只好随他吧。

第三章

中西艺谈，引领新文化风潮

文艺的园地，差不多被他走遍了。

——丰子恺

扎实的中国传统文化功底，当时最先进的西方文化教育启蒙，加上聪慧的禀赋、坚韧的恒心，李叔同在书画、金石、音乐、戏剧、文学等方面展露出过人的才华，是学术界公认的通才、奇才。

在传统文化方面，李叔同自幼研习魏书，年少时便闻名乡里，出家之后，他的书法作品褪去精致与浮华，充满了宗教般的超脱和宁静，“平淡、恬静、冲逸之致”。就连曾写过《论毛笔之类》对毛笔颇有微词的鲁迅，在好不容易求得李叔同的书法作品后，欣喜得以日记记之。由书法延伸出的金石篆刻，是李叔同的另一门绝技。他是我国最著名的民间金石组织西泠印社的早期成员，他在出家后，将自己的篆刻作品和收藏捐赠给该社，该社专建印冢来纪念。

而在西学东渐的时代大背景下，作为新文化运动的先驱，李叔同更为我国近代文化、艺术、教育等领域引领了多个风潮。

在美术方面，李叔同是中国采用图文广告艺术的第一人，在任上海

《太平洋报》美术编辑时，以实践颠覆陈腐的文词版面；他是第一位编著《西方美术史》教材，并讲授西方油画艺术的人，撰写《石膏模型用法》，最早向国内美术学子介绍石膏写生这种西画教学方式；他是中国美术史上第一位采用男模裸体写生教学的人；他是最早创作、倡导中国现代木版画艺术的教育家。

在音乐方面，李叔同主编了中国第一本音乐刊物《音乐小杂志》，介绍西洋音乐和自己创作的新式歌曲；他是中国第一位将西方通俗音乐介绍到国内的音乐家，他填词的《送别·长亭外》，以约翰·P. 奥德威作曲的美国歌曲《梦见家和母亲》为旋律，传唱至今；他是最早撰《西洋乐器种类概说》的人，开创了钢琴音乐教学的先河。

在戏剧方面，李叔同在留学日本期间，主持创办了中国第一个话剧社团春柳社；他组织了中国第一部话剧《茶花女》在日本东京为国内赈灾义演，并反串主演茶花女一角，传为佳话，更开中国话剧之先河，后又出演《黑奴吁天录》。

难能可贵的是，李叔同的学识融贯中西，他对中外文艺都有去粗取精的斟酌与思辨。例如，李叔同在大胆引入西方美术的同时，十分重视中国传统绘画理论和技法，善于将两者有机融合，他的实践成功带动了一代大画家丰子恺。

本章从李叔同对文艺的杂论中精选出具有代表意义，并适合大众阅读的内容，分类整理为书法、篆刻、中国美术、西方美术、西方音乐、西方文学等，大多初衷为向他人讲解，因此类似教授用的讲义。读者在感受李叔同的提倡“士先器识（器量与见识）而后文艺”这一文艺思想的同时，可以对中西文艺有一个系统的认识。

谈写字的方法

我到闽南这边来，已经有十年之久了。

前几年冬天的时候，我也常到南普陀寺来，看到大殿、观音殿及两廊旁边的栏杆上，排列了很多很多的花。尤其正在过年的时候，更是多得很。

其中有一种名叫作“一品红”的（闽南人称为圣诞花，其顶端之叶均作红色，学名为 Euphorbia pulcherrima），颜色非常鲜明，非常好看，可以说是南国特有的一种风味，特有的色彩。每当残冬过去，春天快到来的时候，把它摆出来，好像是迎春的样子，而气象确也为之一新。

我于去年冬天到这里来，心中本来预料着，以为可以看到许多的“一品红”了。岂知一到的时候，空空洞洞，所看到的，尽是其他的花草，因而感到很伤心。为什么？以前那么多的“一品红”，现在到哪里去了呢？找来找去，找了很久，只在那新功德楼的地方，发现了三棵，都是憔悴不堪，颜色不大鲜明，很惨的样子。也没有什么人要去赏玩了。于是使我联想到佛教养正院：过去的时候，也曾经有很光荣的历史，像那些“一品红”一样，欣欣向荣，有无限的生机。可是现在，则有些衰败的气象了。

养正院开办已经二年了，这期间，自然有很多可纪念的史迹。可是观察其未来，则很替它悲观，前途很不堪设想。我现在在南普陀这里，还可以看到养正院的招牌，下一次再来的时候，恐怕看不到了，这一次，也许可以说是我“最后的演讲”。

这一次所要讲的，是这里几位学生的意思——要我来讲关于写字的方法。

我想写字这一回事，是在家人的事；出家人讲究写字有什么意思呢？所以，这一次讲写字的方法，我觉得很不对。因为出家人假如只会写字，其他的学问一点儿不知道，尤其不懂得佛法，那可以说是佛门的败类。须知出家人不懂得佛法，只会写字，那是可耻的。出家人唯一的本分，就是要懂得佛法，要研究佛法。不过，出家人并不是绝对不可以讲究写字的，但不可用全副精神去应付写字就对了。出家人固应对于佛法全力研究，而于有空的时候，写写字也未尝不可。写字如果写到了有个样子，能写对子、中堂来送与人，以作弘法的一种工具，也不是无益的。

倘只能写得几个好字，若不专心学佛法，虽然人家赞美他字写得怎样的好，那不过是“人以字传”而已。我觉得：出家人字虽然写得不好，若是很有道德，那么他的字是很珍贵的，结果都是能够“字以人传”。如果对于佛法没有研究，而且没有道德，纵能写得很好的字，这种人在佛教中是无足轻重的了。他的人本来是不足传的。即能“人以字传”——这是一桩可耻的事，就是在家人也是很可耻的。

今天虽然名为讲写字的方法，其实我的本意是要劝诸位来学佛法的。因为大家有了行持，能够研究佛法，才可利用闲暇时间，来谈谈写字的法子。

关于写字的源流、派别，以及笔法、章法、用墨……古人已经讲得很清楚了。而且有很多的书可以参考，我不必多讲。现在只就我个人关于写字的心得及经验随便来说一说。

诸位写字的成绩很不错。但是每天每个人只限定写一张，而且只有一个样子，这是不对的。每天练习写字的时候，应该将篆书、大楷、中楷、小楷四个样子，都要多多地写与练习。如果没有时间，关于中楷可以略掉；至于其他的字样，是缺一不可的。且要多多地练习才对。

我有一点儿意见，要贡献给诸位。下面所说的几种方法，我认为很重要。

我对于发心学字的人，总是劝他们先由篆字学起。为什么呢？有几种理由：

第一，可以顺便研究《说文》，对于文字学，便可以有一点儿常识了。因为一个字一个字都有它的来源，并不是凭空虚构的，关于一笔一画，都不能随随便便乱写的。若不学篆书，不研究《说文》，对于文字学及文字的起源就不能明白——简直可以说是不认得字啊！所以写字若由篆书入手，不但写字会进步，而且也很有兴味的。

第二，能写篆字以后，再学楷书，写字时一笔一画，也就不会写错的了。我以前看到养正院几位学生所抄写的稿子，写错的字很多很多。要晓得：写错了字，是很可耻的，这正如学英文的人一样，不能把字母拼错一个。若拼错了字，人家怎么认识呢？写错了我们自己的汉文字，更是不可以的。我们若先学会了篆书，再写楷字时，那就可以免掉很多错误。此外，写篆字也可以为写隶书、楷书、行书的基础。学会了篆字之后，对于写隶书、楷书、行书就都很容易，因为篆书是各种写字的根本。

若要写篆字的话，可先参看《说文》这一类的书。因为这部书很好，便于初学，如果要学写字的话，先研究这一部书最好。

既然要发心学写字的话，除了写篆字外，还有大楷、中楷、小楷，这几样都应当写。我以前小孩子的时候，都通通写过的。至于要学一尺、二尺的字，有一个很简便的方法：那就可用大砖来写，平常把四块大砖拼合起来，做成桌子的样子，而且用架子架起来，也可当桌子用；要学写大字，却很方便，而且一物可供两用了。

大笔怎样得到呢？可用麻扎起来做大笔，要写时，就可以任意挥毫。大砖在南方也许不多，这里倒有一个方法可以替代：就是用水门汀拼起来成为桌子。而用麻来写字，都是一样的。这样一来，既可练习写字，而纸及笔，也就经济得多了。

篆书、隶书乃至行书都要写，样样都要学才好；一切碑帖也都要读，至少要浏览一下才可以。照以上的方法学了一个时期以后，才可专写一种或专写一体。这是由博而约的方法。

至于用笔呢？算起来有很多种，如羊毫、狼毫、兔毫等。普通是用羊毫，紫毫及狼毫亦可用，并不限定哪一种。最要注意的一点：就是写大字须用大笔，千万不可用小笔！用小的笔写大字，那是错误的。宁可用大笔写小字，不可以用小笔写大字。

还有纸的问题。市上所售的油光纸是很便宜的，但太光滑很难写。若用本地所产的粗纸，就无此毛病了。我的意思：高年级的同学可用粗纸，低年级的可用油光纸。

此地所用的有格子的纸，是不大适合的，和我们从前的九宫格的纸不同。以我的习惯而论，我用九宫格的方法，就不是这个样子。

若用这种格子的纸，写起字来，是很方便的，这样一来，每个字都有规矩绳墨可守。如写大楷时，两线相交的地方，成了一个十字形，就不致上下左右不相对称了。要晓得：写字总不能随随便便。每个字的地位要很正，要不偏左不偏右，不上不下，要有一定的标准。因为线有中心点，初学时注意此线，则写起来，自然会适中很“落位”了。

平常写字时，写这个字，眼睛专看这个字，其余的字就不管，这也是不对的。因为上面的字，与下面的字都有关系的——即全部分的字，不论上下左右，都须连贯才可以。这一点很要紧，须十分注意。不可以只管写一个字，其余的一切不去管它。因为写字要使全体都能够配合，不能单就每个字去看的。

再有一点须注意的：当我们写字的时候，切不可倚在桌上，须使腕高高地悬起来，才可以运用如意。

写中楷悬腕固好，假如肘部要倚着，那也无妨。至于小楷，则可以倚在桌上，不必悬腕的。

以上所说的，是写字的初步法门。现在顺便讲讲关于写对联、中堂、横披、条幅等的方法。

我们写对联或中堂，就所写的一幅字而论，是应该有章法的。普通的一幅中堂，论起优劣来，有几种要素须注意的。现在估量其应得的分数如下：

章法：五十分。

字：三十五分。

墨色：五分。

印章：十分。

就以上四种要素合起来，总分数可以算一百分。其中并没有平均的分数。我觉得其差异及分配法，当照上面所分配的样子才可以。

一般人认为每个字都很要紧，然而依照上面的记分，只有三十五分。大家也许要怀疑，为什么反而章法分数占多数呢？就章法本身而论，它之所以占着重要的原因，理由很简单，在艺术上有所谓三原则。即：统一、变化、整齐。

这在西洋绘画方面被认为是很重要的。我便借来用在此地，以批评一幅字的好坏。我们随便写一张字，无论中堂或对联，将字排起来，或横或直，首先要能够统一：字与字之间，彼此必须相联络、互相关系才好。但是单只统一也不能的，呆板也是不可以的，须当变化才好。若变化得太厉害，乱七八糟，当然不好看。所以必须注意彼此互相联络、互相关系才可以的。

就写字的章法而论大略如此。说起来虽很简单，却不是一蹴可就的。这需要经验的，多多地练习，多看古人的书法以及碑帖，养成赏鉴艺术的眼光，自己能常去体认，从经验中体会出来，然后才可以慢慢地有所成就。

所谓墨色要怎样才可以？即质料要好，而墨色要光亮才对。还有印章盖坏了，也是不可以的。盖的地方要位置适中，很落位才对。所谓印章，当然要刻得好；印章上的字须写得好。至于印色，也当然要好的。盖用时，可以盖一颗、两颗。印章有圆的、方的、大的、小的不一，且有种种的区别。如何区别及使用呢？那就要于写字之后再注意盖用，因为它也可以补救写字时章法的不足。

以上所说的，是关于写字的基本法则。可当作一种规矩及准绳讲，不过是一种呆板的方法而已。

写字最好的方法是怎样？用哪一种的方法才可以达到顶好顶好的呢？我想诸位一定很热心地问。

我想了又想，觉得想要写好字，还是要多多地练习，多看碑，多看帖才对，那自然就可以写得好了。

诸位或者要说，这是普通的方法，假如要达到最高的境界须如何呢？我没有办法再回答。曾记得《法华经》有云："是法非思量分别之所能解。"我便借用这句子，只改了一个字，那就是"是字非思量分别之所能解"了。因为世间无论哪一种艺术，都是非思量分别之所能解的。

即以写字来说，也是要非思量分别，才可以写得好的。同时要离开思量分别，才可以鉴赏艺术，才能达到艺术的最上乘的境界。

记得古来有一位禅宗的大师，有一次人家请他上堂说法，当时台下的听众很多，他登台后默默地坐了一会儿，以后即说："说法已毕。"便下堂了。所以，今天就写字而论，讲到这里，我也只好说"谈写字已毕"了。

假如诸位用一张白纸（完全是白的），没有写上一个字，送给教你们写字的法师看，那么他一定说："善哉善哉！写得好，写得好！"

诸位听了我所讲的以后，要明白我的意思——学佛法最为要紧。如果佛法学得好，字也可以写得好的。不久，会泉法师要在妙释寺讲《维摩经》，诸位有空的时候，要去听讲，要注意研究。经典要多多地参考，才能懂得佛法。

我觉得最上乘的字或最上乘的艺术，在于从学佛法中得来。要从佛法中研究出来，才能达到最上乘的地步。所以，诸位若学佛法有一分的深入，那么字也会有一分的进步。能十分地去学佛法，写字也可以十分地进步。

今天所说的已经很够了。奉劝诸位：以后要勤求佛法，深研佛法。

粹评明清篆刻名家

明代篆刻

前面讲到，篆刻至元代时，已从官印扩充到私印，并出现文人自刻自篆之风。这主要是因为宫廷及民间辑录的古印谱增多；加上大书法家赵孟頫、吾丘衍等人的提倡；又因印刷业的发达，令印谱流传渐广，故篆刻至元代，不但开文人自刻之先河，且开复兴之气象。

明代时期，因印刷之便利、石材多样化，以及印学理论之兴起，于是文人篆刻渐成风气，致使文人流派异军突起，成为明代艺术风景线上一道亮丽的景色。其中，文彭、何震二人被世人认为是明后期最杰出的两大印家，对当时篆刻艺术影响极大。

一、文彭

文彭，字寿承，号三桥，长洲（今江苏苏州市）人，书法家文徵明的长子，与弟弟文嘉一起称誉艺坛，曾任两京国子监博士，故世称“文博士”，他是明代中期著名的篆刻家，是明代篆刻史上的先驱者。

文彭曾尝试将青田石做刻印材料，很成功，后被文人广泛采用和传播；又因其身份显赫，又开风气之先河，故后人公认其为明代篆刻之领袖。时人对他评价较高，如朱简云："德靖之间，吴郡文博士寿承氏崛起，树帜坫坛……自三桥而下，无不人人斯籀，字字秦汉，猗欤盛哉！"可见其影响所及。

据明代王野的评论，文彭的篆刻作品"法虽出入，而以天韵胜"。以其作品观之，其印以安逸清丽为主调，刻意师法汉代，但亦有宋元之遗风。以其书画作品上的钤印考之，后世认为出自文彭之手的，如"文彭之印"（朱、白各一）、"文寿承氏""文寿承父""寿承氏""三桥居士"等；常见者为"寿承氏""七十二峰深处"二印。这些印的四周边栏都呈现严重剥蚀状，颇似金石所印效果，而这种洁净的篆法配以古朴边栏的处理方法，成为后世修饰印面技艺之先声。

综观其于篆刻之贡献，可分为二：一是开创以石材刻印，后遂成风气，开辟了石章之先河；二是师法秦汉，摈除宋元之流弊，有承前启后之功绩。他所开创的"吴门派"（亦称"三桥派"），开篆刻流派之端绪，故后人将他视为流派篆刻之开祖。

二、何震

何震，字长卿，又字主臣，号雪渔，安徽婺源人（婺源，明清时期属于安徽徽州，现划归江西管辖，明代《徽州府志》《安徽通志》有记载），明代著名篆刻家，与文彭合称为"文何派"。

何震一生曾游历过江苏、浙江、上海、福建等地，是一位终生靠卖印为生的篆刻家。早年客居南京，曾与文彭探讨六书，终日不休。后来，由友人江道昆（著名文学家，官至兵部佐侍郎）引荐，后遍历边塞，因篆艺精到，故而名噪一时；晚年又回到南京，后居承恩精舍，"直至无钱，主僧为之含殓"。

何震一生对篆刻痴迷，而贡献亦大。他的作品多呈苍劲老练、持重稳重之势，用力刚猛，线条犀利，如"云中白鹤"一印即是；其他易见之精品，如"沽酒听渔歌""兰雪堂"等印。

他的印颇具秦汉章法，对其作品也推崇备至，说其"白文如晴霞散绮、玉树临风，朱文如荷花映水、文鸳戏波……莫不各臻其妙，秦汉以后一人而已"。董其昌更有"小玺私印，古人皆用铜玉。刻石盛于近世，非古也；然为之者多名手，文寿承、许元复其最著已。新都何长卿从后起，一以吾乡顾氏《印薮》为师，规规帖帖，如临书摹画，几令文、许两君子无处着脚"之语。

后于明万历二十八年（1600 年）辑自刻印而成印谱，取名《何雪渔印选》，开印家汇编自刻印之先河，颇具开拓之精神。时人称他的成就为“近代名手，海人推为第一”，诚实语也。

他后来开创了“雪渔派”，篆刻风格影响当时篆刻界，乃至整个文化艺术界及政治用途，其后延续至明末清初，可见其印影响之大！时人多争相收藏其所篆之印——“工金石篆刻，海内图书出其手者，争传宝之。生平不刻佳石及镌人氏号，故及今流传尚不乏云。”（《徽州府志》，1699 年）

三、苏宣

苏宣，字尔宣，安徽歙县人，篆刻曾得文彭的传授，但受何震的影响较大。其印中精品有“啸民”“苏宣之印”“流风回雪”等，所治之印，篆法自然，刚劲有力，既有何派之猛利，以掺以自家之平实，故别具一番新气象。

他在晚年总结治印心得时说：“始于模拟，终于变化，变者愈多，化者愈化，而所谓模拟者愈工巧焉。”其印与何震的“神而化之”是相承的，故明代吴钧赞叹其印“雄健”，有浑朴豪放之势。苏宣亦曾感慨云：“余于此道，古讨今论，师研友习，点画之偏正，形声之清浊，必极其章法，逮四十余年，其苦心何如！”

他曾在文彭家设馆，得文彭传授篆法；后纵览秦汉玺印，深得汉印的布白之妙，在朱文、白文的处理上充分汲取了斑驳气息，多追求金石气息，因其印古朴苍浑，故名扬海内。因他的篆刻在当时颇有名气，仅次于文、何，时人称他与文彭、何震三家鼎立，曾著有《苏氏印略》，计四卷。

四、朱简

朱简，明代篆刻家，字修能，号畸臣，后改名闻，安徽修宁人。

其人工诗文，精研古代篆体，师事陈继儒。曾从友人收藏品中看过大量的古印原拓本，后来花了两年时间精心摹刻，编成《印品》二集，对于后人分辨印章真假、考证玺印、深研章法都有极大好处；并首创印学批评，提出篆刻分“神、妙、能、逸”四品，为其独到见解。其印有“董玄宰”“董其昌”“陈继儒”“冯梦祯印”等，可谓其代表作。

其篆刻着重笔意，以切刻石，后自成一家。他曾在《印章要论》中说：“印始于商周，盛于汉，沿于晋，滥觞于六朝，废弛于唐宋，元复变体，亦词曲之于诗，似诗而非诗矣。”“印谱自宣和始，其后王顺伯、颜叔夏、晁克一、姜夔、赵子昂、吾子行、杨宗道、王子弁、叶景修、钱舜举、吴思孟、沈润卿、郎叔宝、朱伯盛，为谱者十数家，谱而谱之，不无遗珠存砾、以鲁为鱼者矣。今上海顾氏以其家所藏铜玉印，暨嘉禾项氏所藏不下四千方，歙人王延年为鉴定出宋元十之二，而以王顺伯、沈润卿等谱合之木刻为《集古印薮》，裒集之功可谓博矣。然而玉石并陈、真赝不分，岂足为印家董狐耶？”可见其涉猎及领悟颇深。

对于篆法，他认为：“石鼓文是古今第一篆法，次则峄山碑、诅楚文。商、周、秦、汉款识碑帖印章等字，刻诸金石者，庶几古法犹存，须访旧本观之。其他传写诸书及近人翻刻新本，全失古法，不足信也。”此可谓至论，值得我辈深思！

善诗，与李流芳、赵声光、陈继儒等交往较密；由于他的广见博闻，故其在印学理论上的造诣颇深，著有《印品》《印经》《菌阁藏印》《修能印谱》行世。

五、汪关

汪关，原名东阳，字呆叔，后得一方汉代“汪关”古铜印，遂改名汪关，后更字尹子，安徽歙县人；汪关不仅痴迷收藏，还喜钻研秦汉古玺印章，并潜心摹刻；他的儿子汪泓在其影响下亦爱上刻印。汪关父子开创了一种明快工稳、恬静秀美的印风，深得众人青睐；但因过于痴迷，故得“大痴”“小痴”之雅号。

汪关父子的印风对后世影响较大。与他们同时代的著名书画家、篆刻家李流芳在《题呆叔印谱》中赞道：“今世以此道行者，自长卿（何震）而后，有苏啸民、陈文叔、朱修能诸人，独呆叔（汪关）独痴，足迹不出海隅，世无知之者。然能有汉、宋、元之长，而独行其意于刀笔之外者，不得不推呆叔。吾谓长卿之后，呆叔一人而已。世有知者，当不以吾言为妄也。”可见其于艺术追求之执着不同一般。

汪关治印朴茂稳实，仿汉印神形俱备，他治印，善使中刀，刀法朴茂稳实，章法一丝不苟，深得汉印神韵，边款亦有功力，为明人追模汉法之开创者，令当时印坛面目一新，受其影响者有沈世和、林皋等；著有《宝印斋印式》二卷行世。

六、明代印谱

明代时期，文人或篆家汇集古印而辑成谱者众，可谓“蔚然成风”，其中最有影响的当推明万历年间顾从德所汇集之《印薮》（木刻本）——此谱原拓本名为《集古印谱》，初仅拓二十部，“虽好者难睹真容”，在当时影响极大。三年后又做修订，屡经翻版，故流传极广，对当时篆刻的传播与推广有较大的影响。

当时，大部分篆刻家集中在以南京、苏州为中心的江南，故篆刻与文学、书法、绘画交流较密；而不少书画名家也乐于自刻自篆，如文彭、赵宧光、朱简、李流芳等人。由于印学理论在发展中形成了两派意见，即主张复古和反对复古，因而促进了印学理论的进步。而明代的印学著作最为杰出者，当推周应愿的《印说》、朱简的《印品》和徐上达的《印法参同》。《印说》一书所涉甚广，论议中常有精要之言，并对时兴之石章镌刻法总结出六种刀法之害，对后世影响极大；它还于中提出了审美之见解，可算得上是篆刻美学开创性作品。而《印品》一书，是朱简广交印家及收藏家，看过他们收集的古今印章近万枚，共花了十四年时间摹刻了自周秦至元明间的各类玺印刻章，并详加评论，而编成《印品》一书，共计五册。《印法参同》一书，是徐上达对篆刻技法与理论的深入和发挥，颇具艺术价值，对明代及清代的印学有极大的贡献。

清代篆刻

习书法篆刻，宜从《说文》的篆字入手，隶、楷、行等辅之；书法篆刻作品皆宜作图案观，古人云“七分章法，三分书法”，谓为信然，诚为笃论。于常人所注之字画、笔法、笔力、结构、神韵，乃至某碑某帖某派，吾人皆一致屏除，不刻意用心揣摩，此为自见，不知当否?

篆刻之法，亦应求自然之天趣，刻印亦可用图画的原则，并应注重章法布局。篆刻工具，可用刀尾扁尖而平齐若椎状之刻刀，因锥形之刀仅能刻白文，如以铁笔写字也；扁尖形之刀可刻朱文，终不免雕琢之痕，不若以椎形刀刻白文，能得自然之天趣也。此为敝人之创论，不知当否?

敝人写字时，皆依西洋画图案之原则，竭力配置、调和全纸整体之形状，故朽人所写之字，应作一张图案画观之则可矣，决不用心揣摩。不唯写字，刻印也是相同的道理。无论写字、刻印，道理是相通的；而“字如其人”，某人所写之字或刻印，多能表现作者之性格（此乃自然流露，非是故意表示）。体现朽人之字者：平淡、恬静，中逸之致是也，诸君做参照可也。

篆刻印章起源甚早，据《后汉书·祭祀志》载：“自五帝始有书契，至于三王，俗化雕文，诈伪渐兴，始有印玺，以检奸萌。”可见，远在三千七百多年前的殷商时代，便有刻字艺术了。

到了周代，以青铜质为主的“周玺”大为兴起，形状各异，一般分为白文、朱文两种。至秦代，因文字由“籀书”渐演变成篆书，而印之形式亦趋广泛，故印文圆润苍劲，笔势挺拔。

至汉代，篆刻艺术颇为兴盛，所刻之印，史称“汉印”，其字体由小篆演变成“隶篆”。汉印的印制、印钮亦十分精美。西泠八家之一的奚冈曾有“印之宗汉也，如诗文宗唐，字文宗晋”之语，可视为综述。

唐宋之际，印章体制仍以篆书为主。直到明清两代，印人辈出，篆刻便以篆书为基础，而佐以雕刻之法，于印面中表现疏密、离合之形态，篆刻遂由雕镂铭刻转为治印之举。

而尤其是清朝一代，大家辈出，流派纷立，据周亮工的《印人传》记载，不下一百二十余人。其中，标新立异者有之，奉行古法者有之，风格及式样层出不穷，致令篆刻之艺蔚为大观。其成就可与汉代媲美，因得力于古物之出土渐多，故有参照、临摹之便，因吸取商周秦汉古印之力，乃有清代之杰出成就。

其中，以程邃、巴慰祖、丁敬、蒋仁、黄易、奚冈、陈豫钟、陈鸿寿、赵之琛、钱松（后八人，后世称为“西泠八家”，亦称“浙派”）最为有名；另有“邓派”代表人物邓石如、吴熙载、徐三庚等，均为篆刻高手。

以下，就其生平及篆刻作品略加讲述，以做借鉴之用。

一、程邃

程邃，清代著名篆刻家、画家，字穆倩，号垢区，别号垢道人、江东布衣，安徽歙县人氏。其篆刻风格，于文、何、汪、朱之外，别树一帜，是后期皖派的代表人物，与巴慰祖、胡唐、汪肇龙合称“歙中四家”；善用中刀，凝重淳厚，为“徽派”主要代表人物。

其刻印，精研汉法而能自见笔意，故时人多宗之。为人博雅好结纳，亦精于医。其篆刻取法秦汉，玺印，白文运刀如笔，凝重有力；朱文喜用大篆作印文，章法整齐，风格古拙浑朴，边款刻字不多，但凝练深厚，开清代篆刻中皖派先河。

程邃治印，初宗文、何，然时印学界多为文、何所拘，陈陈相因，久无生气。程邃能继朱简之后，力求变法，以古籀、钟鼎文入印，尤其是尽收秦汉朱文印之特点长处，出以离奇错落之手法别立门户，开创皖派新局面。周亮工《印人传》称：“黄山程穆倩邃以诗文书画奔走天下，偶然作印，乃力变文、何旧习，世翕然之。”

其印如“程邃之印”，章法严谨、风格古朴；又如“穆倩”一印，颇似古印，有秦汉之韵。综观其传世印作，可知其章法严谨，篆法苍润渊秀。以中刀代笔，运刀取法汪关，而凝重则过之，能够充分表达笔意。

二、巴慰祖

巴慰祖，字隽堂、晋堂，号予籍，又号子安、莲舫，歙县渔梁人。其家为经商世家，家庭中曾出巴廷梅、巴慰祖、巴树谷、巴树垣、巴光荣四代五位篆刻家；其中，巴慰祖从小就爱好刻印，自谓“慰糠秕小生，粗涉篆籀，读书之暇，铁笔时操，金石之癖，略同嗜痂”。

巴慰祖爱好颇多，且无所不学，故多才多能。他家中所藏法书、名画、金石文字、钟鼎铭文很多，故自小养成摹印练字之习。巴慰祖与程邃、胡唐、汪肇龙同列为“歙四家”，为光大徽派篆刻艺术贡献非小；与汪肇龙、胡唐二人相比，巴慰祖声誉最隆。

他临摹的天赋颇高，喜欢仿制古器物，并能如旧器相似，有精于鉴赏者亦不能辨伪的。其篆刻浸淫秦汉印章，旁及钟鼎款识，功力颇深。早期印作趋于雅妍细润、端整纯正，晚期印风则趋于浑朴、古拙。汪肇龙、巴慰祖、胡唐三人中，以巴慰祖声誉最隆，交游也广。

巴慰祖的外甥胡唐，在舅舅的影响和带动下，也酷爱篆刻。由于巴慰祖嗜好刻印，所以二子及孙子、外甥亦好印，以致不能安心经商，到了晚年而家道中落，后以作书、篆刻为生；晚年虽然并不富有，但并没有影响其追求篆刻之境界，后以篆印独特而声名流布。

其篆刻风格，简洁和谐，于平和中得见厚重，疏朗中不失平稳，如“下里巴人”“大书典簿”。

三、丁敬

丁敬，清代杰出篆刻家。字敬身，号钝丁，别号龙泓山人，浙江钱塘（今浙江杭州）人。丁敬出身于商贾之家，生平矢志向学，工诗文，善书法、绘画，尤究心于金石、碑版文字的探源考异。篆刻宗法秦汉，能得其神韵，能吸取秦汉以及前人刻印之长为己所用。他强调刀法的重要性，主张用刀要突出笔意。擅长以切刀法刻印，苍劲质朴，别树一帜，开创“浙派”，世称“浙派鼻祖”，为“西泠八大家”之首。

他酷爱篆刻，吸取秦、汉印篆和前人长处，又常探寻西湖群山、寺庙、塔幢、碑铭等石刻铭文，亲临摹拓，不惜重金购得铜石器铭和印谱珍本，精心研习，因此技法大进。兼工诗书画，诗文造句奇崛，尤擅长诗，与金农齐名。所辑《武林金石录》，为广搜博采西湖金石文字汇集而成，凡碑铭、题刻、摩崖、金石铭文等搜罗殆尽，有珍贵的艺术价值和历史价值；他还曾参与了汪启淑所辑《飞鸿堂印谱》的厘定和篆刻。

其印“炳文”，印风尚流于妍媚，无古朴之态；“上下钓鱼山人”一印也是这类风格；而“玉几翁”一印，线条朴实，刀法浑厚，初具“浙派”之姿；“两湖三竺万壑千岩”一印有脱尘之韵，可见其修养；“徐观海印”则显非凡气势，印文结构齐整，刀法节中并用，故另有一番风味。

四、蒋仁

蒋仁，原名泰，字阶平，后来因得“蒋仁”古铜印，极为欣赏，遂改名为蒋仁，号山堂，别号吉罗居士、女床山民，浙江仁和（杭州）人。蒋仁家境贫寒，一生与妻女过着超然尘俗的简朴生活。书法师颜真卿、孙过庭、杨凝式诸家，擅长行楷书。

蒋仁非常佩服丁敬，师其法，并能以拙朴见长，并有所创新。其作品于苍劲中甚得古意，另具天趣。所刻行书边款，得颜体书法之神，苍浑自然，别有韵致。其一生性情耿直，不轻易为人执刀落笔，故流传的作品不多。他的篆刻曾被彭超升进士评为“当代第一”，蒋仁的《吉罗居士印谱》中只收录了二十六方印。

他对篆刻有较深之体悟，曾总结云：“文可与画竹，胸有成竹，浓淡疏密，随手写去，自尔成局，其神理自足也。作印亦然，一印到手，意兴俱至，下笔立就，神韵皆妙，可入高人之目，方为能手。不然，直俗工耳。”其常见之印，有“丁敬身印”“无地不乐”“蒋山堂印”等。

五、黄易

黄易，号小松，钱塘人。出身于金石世家，父亲黄树谷，工隶书，博通金石，故自幼承习家学，后因家贫故游历在外，后官至山东济宁府同知。

黄易能作诗着文，尤精于作词，而以金石书画名传于世。一生酷爱金石，在济宁府任间，广泛搜罗、保护碑刻，把所收金石碑铭三千多种，后汇考辑录成《小蓬莱阁金石文字》一书，其中一半左右为前人所未见；此外，还收藏有历代古印、钱币、刀、鼎、炉、镜等数百种，并一一做了考释。其金石收藏品之多，甲于当时，故各方酷爱古玩金石的人都请黄易示其所收古物，被人称为“文艺金石巨家”，有《小蓬莱阁金石文字》《小蓬莱阁诗集》《秋景庵印谱》等著述行世。

他还善书，工隶，其书风格沉着有致，精于博古，在古隶法中掺杂以钟鼎铭文，更现古朴雅厚。其篆刻作品，风格醇厚儒雅，为继承秦汉之优良传统。又精研六书摹印，为丁敬之高足，有“青出于蓝而胜于蓝”之誉，与丁敬并称“丁黄”。后人何元锡曾将二人印稿合揖成《丁黄印谱》。

其篆刻师法丁敬，兼及宋元诸家，并有所创新，其工风稳生动，时人对他评价颇高。他的“一笑百虑忘”印，章法平中有奇，为成熟之白文印，刀法相继丁敬之风；而“乔木世臣”为朱文印，字体结构严谨，形态饱满，刀法胆大而手法精细，线条雄劲，故整方印显得十分大度。

六、奚冈

奚冈，初名钢，字铁生，一字纯章，号箩龛，别署渚生、蒙泉外史、蒙道士、奚道士、野蝶子、散木居士，钱塘人。

他还工书法，九岁即能隶书，后楷、行、草、篆、隶，无一不精，亦以绘画名于当时。其篆刻，宗法秦汉，为“浙派”名家。

“蒙泉外史”为白文印，寓拙于巧，为取汉印平正、浑朴之法，用切刀所刻，章法分布以字画多少而定大小，但整体浑若天成。

“龙尾山房”一印为奚冈朱文印的代表作，此印笔画多用弧线，弯曲成形，与常见的直线朱文印不同，故能独树一帜。印文用虚实相生的手法作似断非断之状，且边栏亦是虚实相间，显得内部饱满，外部相应，为其炉火纯青之作品。

七、陈豫钟

陈豫钟，字浚仪，号秋堂，浙江杭州人，清代书法篆刻家，“西泠八家”之一。他喜好收藏金石文字，又精于墨拓，收集拓本数百种，为其学习、创作之基石。

工篆刻，早年师法文彭、何震，后学丁敬，作品工整秀致，边款尤为秀丽。精于小篆籀文，兼及秦汉印章。阮元任浙江督学时铸的文庙大钟和铭文，便是陈豫钟模仿古文勾勒的，端整壮丽，极受赞赏。他爱好收集金石文字，积卷数百，见到名画佳砚，不惜重金收购，尤其爱好古铜印。并能书画，他的书法得李阳冰法，遒劲挺拔、苍雅圆劲，为时人所喜爱。曾辑录《古今画人传》《求是斋集》等著作行世。

他刻的“竹影庵”一印为朱文印，印文似汉代篆文，章法布局奇妙，因“竹”字笔画较少，故他将左下角边栏凿断，与右上角对应相呼，使布局平衡。

“振衣千仞”一印为白文印，线条刀迹显然，结字趋方，但各异其趣，风格秀丽文静，工稳而不失流动，为陈氏代表作。

八、陈鸿寿

陈鸿寿，清代著名书法篆刻家，“西泠八家”之一。字子恭，号曼生，别号种榆道人，浙江钱塘（今杭州）人。

在篆刻上，他继承了丁敬、蒋仁、黄易、奚冈等人的风格。其篆书略带草书意味，喜用切刀，运刀犹如雷霆万钧，给人以苍茫浑厚、爽利奔放之感，使“浙派”面貌为之一新。他的风格对后世影响较深，与陈豫钟齐名，世称“二陈”。

他还善书，隶书奇绝，自成一体；行书亦清雅不俗。蒋宝龄在《墨林今话》中评他为：“曼生酷嗜摩崖碑版，行楷古雅有法度，篆刻得之款识为多，精严古宕，人莫能及。”除此，陈鸿寿擅长竹刻，山水、花卉、兰竹，博学能诗，还善制作和识别茶具，公余之际常识别砂质，创作新样，自制铭句镌刻器上，曾风行一时，人称“曼生壶”。著有《桑连理馆诗集》《种榆仙馆印谱》等行世。

他所刻的“琴书诗画巢”一印，线条浑厚、苍劲，切刀痕迹显见，为浙派典型的朱文印风格；此印看似信手拈来，实则有法可循。而“南芗书画”一印，篆书笔法平稳，虽是仿汉印之作，但刀法从浙派中来，有稳如泰山之感，虽边栏破损任之，但全印却反呈苍劲浑朴之气势，这非得要有娴熟之刀法和深厚之功力不可，于此可见他的成就。

九、赵之琛

赵之琛，清代著名的篆刻家，字次闲，号献父，钱塘（今浙江杭州）人。一生布衣，多才多艺，工诗文、书画，精通金石文字，尤其工篆刻，为“西泠八家”之一。他的篆刻，初得陈豫钟传授，兼师黄易、奚冈、陈鸿寿。早年篆刻章法长方，善用冲刀，笔画如锯齿；后用切玉法，笔画纤细方折；边款以行楷书为之，笔画生辣细劲；晚年刀法和章法已无太大变化，多承师法。

他生性嗜古，长于金石文字，阮元所著《积古斋钟鼎彝器款识》中的古器文字，多半出自于他的手摹。他的印文结构不但秀美，且善于应变，用刀爽朗挺拔，楷书印款秀劲涩辣；其印作，曾得过陈鸿寿的推崇与赞许。印谱有《补罗迦室印谱》，著有《补罗迦室印集》行世。

他所刻印以切玉法驱刀最为有名，如“长乐无极老复丁”“三碑乡里旧人家”二印即是仿汉切玉法，章法自然、清秀瘦劲，可见其所长。

十、钱松

钱松，清代书法、篆刻家，初名松如，字叔盖，号耐青，浙江杭州人。擅作山水、花卉；工书，他的隶书、行书功力深厚，为时所重。

篆刻则得力于汉印，据称他曾手摹汉印二千方，赵之琛见后惊叹道：“此丁、黄后一人，前明文、何诸家不及也。”

他的一生见闻广博，故于章法显出与众不同，并时出新意；刀法在总结前人经验之上，自创出一种切中带削的新刀法，立体感强，富于韵味。之后，严黄将他与胡震的作品合编为《钱胡印谱》，亦有人将他个人作品汇辑成册，取名《铁庐印谱》。

他的刀法继承浙派风格，章法则取汉印结构，如“陈老莲”“胡鼻山人宋绍圣后十二丁丑生”二印，一白一朱皆是，可见其学浙派之造诣功深。他用刀多是碎刀细切浅刻，温朴中而显浑厚，颇得汉印之意蕴，时人评誉甚高。赵之谦曾说：“汉铜印妙处，不在斑驳，而在浑厚；学浑厚则全恃腕力，石性脆，刀所到处应手辄落，愈拙愈古，看似平平无奇，而殊不易貌。此事与予同志者，杭州钱叔盖一人而已。”

十一、邓石如

邓石如，清代著名书法家、篆刻家，名琰，字石如，又名顽伯，号完白山人，又号完白、古浣子、笈游道人，风水渔长，龙山樵长等，安徽怀宁人。

因家庭贫困，邓石如曾以砍柴卖饼维持生计，暇时随父亲学习书法和篆刻，甚工。后游寿州，入梅缪府中为客。梅氏家中有很多金石文字，因得以观赏历代吉金石刻，每日晨起即研墨，至夜墨尽乃就寝，历时八年，艺乃大成，四体书功力极深，曹文植称之为“我（清）朝第一”。

他的篆刻得力于书法，篆法以“二李”（李斯、李冰阳）为宗，而纵横捭阖之妙则得力于史籀，间以隶意，故其印线条浑厚天成，体势奔放飘逸。朱文印取宋元章汉，白文印则以汉印为主，印风茂密多姿，章法疏密相应，刀路平实缓和。邓石如还开创了“以汉碑入汉印”的先例，弟子吴让之誉为“独有千古”。赵之谦对邓石如也是极为推崇，称邓石如“字画疏处可走马，密处不可通风，即印林无等等咒”。

“江流有声，断岸千尺”一印是其代表作品，章法奇妙，文印俱佳，结构和谐，为邓氏难得一见之精品。“笔歌墨舞”“意与古会”二印，笔意流畅，线条婉约，亦颇具正气。

其篆刻，刀法苍劲浑朴，婀娜多姿，冲破时人只取法秦汉铄印之局限，世称“邓派”，亦又称“皖派”者。风格所及，影响了包世臣、吴让之、赵之谦、吴咨、胡澍、徐三庚等人，是杰出之篆刻家。他的原石流传极少，存世有《完白山人篆刻偶成》《完白山人印谱》《邓石如印存》等。

十二、吴熙载

吴熙载，清代著名书画家、篆刻家，原名廷飏，字让之，亦作攘之，别号还有让翁、晚学生、晚学居士、言甫、言庵、方竹丈人等，江苏仪征人。

他自小博学多能，善作四体书，恪守师法，尤精篆、隶，功力深厚，温婉圆润，收放有度。擅长金石考证，精通文字学。师事邓石如的学生包世臣，算是邓石如的再传弟子。

他的篆刻师法邓石如，以汉篆治印。对邓石如的篆刻，吴让之更在继承之上有所创造，故章法上更趋稳健、精练，刀法更加圆转、流畅，从而将邓石如“以笔意见胜”的风格推向高峰。

他的刀法运转自然，坚挺得势，较能表达笔意，晚年作品更入化境，对当代中、日印坛影响较大。著有《通鉴地理今释》《师慎轩印谱》《晋铜鼓斋印存》《吴熙载篆刻》等。晚清印人如徐三庚、赵之谦、吴昌硕等也都比较重视他的作品。

“足吾所好玩而老焉”一印，得邓石如章法之精髓，布局疏密天成，文字方圆互参，笔画舒展，虚实相生。

“砚山鉴藏石墨”一印也是吴熙载朱文印的代表作品。此印貌似无奇，排得均匀整齐，印文能显舒展开张之势，这得力他的秀挺书法。

“攘之手摹汉魏六朝”一印，印文排列自然，书体浑朴，繁简平衡，笔画转折自然得力于刻刀之轻灵，为以刀当笔之作品。

“吴熙载字攘之”印分三行，细线界隔，刀法畅达，线条圆劲且又浑穆，是创造性学习汉印的典范制作。

十三、徐三庚

徐三庚，清代著名书法、篆刻家，字辛谷，号袖海，浙江上虞人。

此人兼通书法、篆刻、竹刻，并精古，多才多艺。他的篆刻，早年曾追模元明印风，后攻汉印，并学邓石如、吴让之等人；对陈鸿寿、赵之琛等人风格深有研究；四十岁后参以汉篆、汉印结体及《天发神谶碑》意趣神采，颇见功力，风格飘逸、疏密有致，后自成一家，其印风有“吴带当风”之誉。

他的“徐三庚印”“上于父”及“图鉴斋”等印，笔画圆润，字体浑朴，颇有汉印遗风。他运刀熟练，不加修饰，其行楷边款，刀法劲猛，自然得势，不失名家风范。

十四、清代印谱

明代之时，印谱汇集已然成风，印学理论亦是发达，尤其是顾从德所汇集之《印薮》(谱原拓本名为《集古印谱》)，对明清印学流派之兴起，贡献颇大。

明代晚期，有张灏辑录当时印人篆刻之印计二千余方，谱成名为《学山堂印谱》，录作者五十余人；到清康熙年间，有周亮工辑藏印一千五百余方，汇集成谱，名为《赖古堂印谱》，计百二十余人，此二谱对后世影响亦大。

另有丁敬的《武林金石录》、汪启淑的《飞鸿堂印谱》、蒋仁的《吉罗居士印谱》、黄易的《秋景庵印谱》、何元锡的《丁黄印谱》、陈豫钟的《求是斋印集》、陈鸿寿的《种榆仙馆印谱》以及邓石如的《完白山人印谱》等印谱，对后世影响亦非小，尤其是各大流派之印人必看之印谱。

清代之篆刻风行，除汇集印谱外，为印人立传亦是清朝所创之举，著名者有清代周亮工的《赖古堂别集·印人传》(三卷，亦名《印人传》)、清代汪启淑的《飞鸿堂印人传》(八卷，亦名《续印人传》)、黄易的《小蓬莱阁金石文字》、冯承辉的《历朝印识》和《国朝印识》等，为印人了解篆刻提供诸多方便，以功不少。

浅谈中国美术史

应诸位同学盛情相邀，于此讲谈国画历史与绘画之技巧，朽人只好勉而为主，权当与大家共学吧！

我国绘画技法堪称“一宝”，与书法并称“双绝”。只是，国画不似西洋画易于保存，多因国画绘制于易碎的纸或绢上。

两汉时期，我国艺术可称谓“大家风范”，但那时的艺术多为壁画，只可观摩，不易携带，不似西洋画之木板或布等材质易于流传。

两汉时期的艺术，材质多是石材或陶瓷、砖瓦，艺术水平极高，但多为笨重之材质，故可遇不可求，临摹亦不易得。

至隋、唐之时，因国富民强、文化兴盛，故艺术成就亦高，我国艺术方至前所未有之顶峰。当时的绘画艺术延续了雕刻之艺术技法，创作作品多以宗教题材、人物肖像画成就最大，亦开“山水画”之先河。

及至宋、元，则为我国绘画艺术之巅峰期，其中尤以山水画为代表，花鸟绘画成就亦不俗。至明代时，绘画作品则以花鸟为卓著。清朝一代，则将山水画发挥到极致，风格倾向写意，虽寄托自然景观之写实，然而重在体现自我之心境，故而流派纷起、大师并出，大有百花齐放之势。

以下，朽人就一些名家或名画加以简述与评析，以供同学欣赏，我们先从隋唐开始讲起。

隋唐时期

一、展子虔

展子虔，渤海（今山东阳信）人，是北周末年、隋朝初年的大画家。他曾经历北齐、北周，最后在隋朝担任朝散大夫、帐内都督等职。

展子虔擅长画人物、山水及其他杂画，在绘画技法上几乎无所不能。其对人物的描绘相当细致，喜以色景染面部。他亦善画马，所画之马以神态逼真见长——如画立马更有足势，若画卧马则腹有腾骧起跃之势，与当时的大画家董伯仁齐名。所绘山水，能就远近，有咫尺千里之势。

他曾在洛阳天女寺、云花寺、长安灵宝寺、崇圣寺等处所绘制佛教壁画，作品有隋朝官本《法华变相图》《长安车马人物图》《白麻纸》《弋猎图》《南郊图》《王世充像》《白描》等六卷，收录入《贞观公私画史》之中；还有《朱买臣覆水图》《北齐后主幸晋阳图》《维摩像》等画迹，收录入《历代名画记》中；又有《北极巡海图》《石勒问道图》等二十余幅，收录入《宣和画谱》中。

他传世之作有《授经图》《游春图》。据称，《游春图》乃我国现存最古之卷轴山水画。

唐张彦远评展子虔的《授经图》："细密精致而臻丽。"从这一幅《授经图》中可以看出其刻画人物手法之高超。人物衣褶用"高古游丝描"绘出，线条流畅、圆滑婉转、造型准确，以淡彩晕染人物面部，因而富有立体感；所衬背景点染粗疏，更加反衬出人物清逸飘洒以及出尘脱俗的清高韵味来。

唐人曾评其画有"远近山水、咫尺千里"之势；在画法上则以青、绿填色，有勾无皴，人物与枝干则直接用粉点染，全画以"青、绿"为主调，乃中国山水画中独具风格之画体。

二、阎立本

《步辇图》所绘之景为唐太宗召见吐蕃使者。

画中，太宗威严平和，端坐于宫女所抬的步辇上，红衣虬髯者为宫中执掌礼仪之官员，其后着藏服者即为吐蕃使者。

此画的作者阎立本是唐代画家，陕西西安人氏。其父阎毗及其兄阎立德都擅长绘画及建筑。而立本则擅长绘画人物、车马和楼阁，后人有称为“丹青神化”“冠绝古今”之誉，言其传世之作有《步辇图》《历代帝王图》《萧翼赚兰亭图》。

此画特色在于，画家将人物的仪态与身份、气质与心境刻画得至为鲜明，尤其是衣纹展现圆转、流畅至为突出，人物之五官亦勾画精细。其中，人物的发式与服饰颇具初唐时期之特点。

三、周昉

周昉，京兆（今陕西西安）人氏。唐代画家，字景玄，又字仲朗；出身显贵家庭，先后官越州、宣州长史。

此人一生性情直爽、好学不倦，擅长仕女画。初学张萱，后取长而自创；其绘画多为贵族妇女，所画人物多优游闲佚、容貌丰满、衣褶劲简，且色彩柔和艳丽，为当时宫廷贵族、士大夫之所重。后来，唐德宗李适闻其名，诏至章明寺绘画，经月余始成，德宗推为“第一”。他所绘制的、具有华丽优美的“水月观音”像颇具特色，雕塑者多仿效之，世称“周家样”。

其传世作品有《簪花仕女图》《挥扇仕女图》等。

《簪花仕女图》以四位贵妇人为表现，分“戏犬”“漫步”“看花”“采花”四个情节；而中间穿插一持扇侍女；侍女形象较小以示其身份，与贵妇人形成身份对比；其中人物发型、眉毛及体态都以丰腴肥硕为主，故能体现唐代之审美风尚；勾线流畅、笔画有力，色彩也很艳丽丰富，突显出肌肤之质感和服饰的轻薄感。

四、李思训

李思训，成纪（今甘肃天水）人氏，是唐朝皇亲宗室，后官至右武卫大将军，封“彭国公”。

他是唐代杰出的书画家，工书法、绘画，尤擅长绘画山水树石，其笔力遒劲、格调细密，喜写“云霞缥缈”之景色，鸟兽草木皆能穷其姿态，亦爱用神仙故事点缀幽曲、寂静之岩岭。他喜以青绿为质、金泥为纹的山水画，作品多富装饰性。

他的绘法技巧源于隋代的展子虔，并继承和发展了六朝以来以“色彩为主”的表现形式，玄宗皇帝曾评其画作为国朝山水第一，“列神品”；明代大画家董其昌更推他为“北宗”山水画之祖。唐代张彦远总结说“山水之变始于吴（道子），成于二李”（李思训、李昭道父子）。其子李昭道亦擅山水，人称其父子为“大、小李将军”。其传世的画作有《山居四皓图》《江山渔乐图》《群峰茂林图》等，收录入《宣和画谱》。

《江帆楼阁图》所绘长松秀岭，翠竹掩映，群山层叠，朱廊碧殿，江天阔渺，风帆近流；有着唐朝衣冠者四人；此画融山水树木与人物，既自然又交相辉映，一派春光景象；画中山石用墨线勾勒轮廓，后以绿色渲染，不作皴擦；所画松树以交叉取形，整体则势态葱郁；他用笔工整，山石青绿，着色艳丽，安岐评之为“傅色古艳，笔墨超轶”，表明山水画到这一时代已趋成熟。

五、王维

王维，自幼聪颖，据载他九岁即能作诗写文，后成为唐开元、天宝间的著名诗人；其人书法工于草书、隶书，亦熟娴丝竹音律，擅长绘画，乃多才多艺之才子；其青年时便已名享京师，甚得皇族王公之敬重。唐人薛用弱《集异记》就有记载：“王维右丞，年未弱冠，文章得名。性娴音律，妙能琵琶，游历诸贵之间，尤为岐王之所眷重。”

王维对于绘画的贡献有二：一是融诗情于画中，开创了绘画新篇章，延至宋代，形成一种“诗中有画，画中有诗”的“诗情画意”风格。二是突破“金碧山水”之局限，初步奠定我国“水墨山水画”之基础，而至元、明、清三代发展为最重要之绘画形式，故他被后人尊为“文人画南宗之祖”。

此幅《伏生授经图》卷，所绘为汉代的伏生授业的情景，亦是人物肖像画。所绘人物形象逼真、清癯苍老，所用笔法清劲有务。此画无画家之自款，但画上有南宋高宗所题“王维写济南伏生”般字样。秦始皇统一天下后，曾接受丞相李斯的建议，而采取了“焚书坑儒”的手段以统治人心，诸多宝贵之书籍顿遭损毁。

伏生，济南人，原为秦博士。据说当时焚书时，伏生冒生命之危保存了《尚书》，汉文帝为求能治《尚书》之人而知伏生，其时年已九十余，不便行使，故汉文帝遣晁错前往受教，得文二十八篇。此画上有南宋高宗题的“王维写济南伏生”字样。

王维崇信佛教，性喜山水，其诗多以山水、田园为内容，所绘物景颇为传神，笔法精深入微；晚年隐居蓝田辋川，过着吟诗作画、谈禅说佛的隐逸生活。此人兼通音乐，工书法，精绘画，擅画平远之景致，喜以“破墨”手法绘制山水松石，北宋苏轼赞其“诗中有画，画中有诗”，其有“不衣文采”之创作理论对后世文人的画影响甚大。

六、李昭道

李昭道，甘肃天水人，字希俊，唐代著名画家。曾任太原府仓曹、直集贤院等官职，后官至太子中舍。

李昭道继承其父李思训之长，亦擅长“青绿山水”的绘画创作，世称“小李将军”。亦擅绘画鸟兽、楼台、人物，并创“海景图”。其画风巧妙精致，虽“豆人寸马”，也画得“须眉毕现”。由于画面繁复，线条纤细，论者亦有“笔力不及思训”之评。主要画作有《海岸图》《摘瓜图》等作品，收录入《宣和画谱》。

《明皇幸蜀图》描绘了“安史之乱”时唐明皇逃往四川避难的情形。画家有意加强了春天山岭间之诗意，于层峦叠嶂描绘飘浮白云，树木亦秀丽动人；此画之妙处在于，人物虽小却分毫可辨，能使观者轻易分辨人物之身份。

我国国画之类别和技法，可分人物、山水、花鸟。其中，人物画是历史上最早形成的画科，早于山水与花鸟。大家皆知西洋画注重造型，而国画注重传神，可谓不注意精确之造型“由来已久”。我国最早创作的人物画，多重人物之刻画，力求逼真、传神，讲求气韵之灵动，形神要兼备，故古代论画著作中称其为“传神论”。

而分门别类中，人物画又分为道释画（宗教画）、仕女画、肖像画、历史故事画等。历代之著名代表画家，有东晋的顾恺之；五代的顾闳中；宋代的李唐；明代的仇英、唐寅；清代的费丹旭等大师。

宋元时期

一、夏圭

夏圭，南宋画家，宋宁宗时任画院待诏。初学人物画，后改绘山水；他将范宽、李唐的斧劈皴进一步发展，创立了“拖泥带水皴”；其创作时除师法李唐而讲求阳刚之风外，更讲究水墨淋漓、清明透逸的效果，与马远同为“北方山水画派”之杰出代表。宁宗时为画院待诏，赐金带。画人物酝酿墨色如傅粉之色，笔法苍老，墨汁淋漓；所画雪景，全学范宽。画院中人凡画山水的，自李唐以下，无出其右者，与当时大画家马远齐名，故称“马夏”。

他喜以长卷横幅表现情景，而画面变化亦十分复杂，多以线、面或干、湿等手法互用，皴法也十分丰富，故艺术效果极强。其创立的“拖泥带水皴”法，在当时不仅对南宋绘画有所影响，而尤其对后世的“文人画”的表现形式影响更大，且后人在继承其法的基础上，不单用在人物画上，花鸟画中亦被广泛运用。

夏圭的画法多受佛教禅宗影响，故他主张“脱落实相，参悟自然”，趋向“笔简意远，遗貌取神”的效果。充分表现出了虚实和空灵感，用笔清劲，简练概括，简劲苍老而墨气明润，给人浑厚朴实、明朗俊秀的印象。明代王履曾赞曰：“粗而不流于俗，细而不流于媚；有清旷超凡之远韵，无猥暗蒙尘之鄙格。”明代大画家董其昌虽对“北宗”山水颇怀偏见，却对夏圭十分折服，说“夏圭师李唐而更加简率，如塑工之所谓减塑者”。

夏圭更善于表现烟雨朦胧的江滨湖岸景色，其点景人物亦简括生动，楼台等建筑物不用界尺，信手而成，取景剪裁极为精练。亦喜用一角半边的构图，故有“夏半边”之说。

二、米芾

米芾所处的时代，正是画院写实派山水画大行其道之时，而他却只想表达心中的“意气”，以天真、藏狂手笔来表现山石的面貌，故能在画面上自由发挥，因他这类举止类同“癫狂”，故人称“米癫”。

米芾能诗文，擅书画，精鉴别；行书、草书得力于王献之，用笔俊迈，世人评为“风樯阵马，沉着痛快”，他与蔡襄、苏轼、黄庭坚合称“宋四家”。米芾画山水，出自董源，天真发露，不求工细，多用水墨点染，自谓“信笔作之，多以烟云掩映树石，意似便已”。其子米友仁亦是画家，师承其画法，自称“墨戏”，画史上称“米家山”“米氏云山”，因其传承而有“米派”之称。

他亦画梅、松、兰、菊等花卉画，晚年兼画人物，自称“取顾（恺之）高古，不入吴生（道子）一笔”。米芾好模仿名迹，能以假乱真；并以行、草书最著，博取前人所长，用笔俊迈豪放。《宣和书谱》论其书“大抵初效羲之”，自谓“善书者只有一笔，我独有八面”。

他传世作品甚多，主要有《苕溪诗卷》《蜀素帖》最为著名。《蜀素帖》为米芾书法精品，为他 38 岁时所作，其书法苍老凝练、行笔涩劲、沉稳爽利、清雅绝俗，可谓“超神入妙”。其书体为“二王”及唐、五代书风之延续，但与前人书法无一相似之处，是米芾自家风格之明证。明画家董其昌题跋曰："米元章此卷，如狮子捉象，以全力赴之，当为生平合作。"

三、米友仁

米友仁是米芾长子，故人称"小米"，早年即以擅长书画而知名，宋徽宗宣和四年（1122 年），应选入掌书学。南渡后官提举两浙西路茶盐公事、兵部侍郎，敷文阁直学士，世称"米敷文"。

其为继承家学，少即以书画知名，擅画云山，略变其父之风格成一家之法。所绘画作，多以云烟变灭为法度，而风格看似草成，实则法度森严，自称"墨戏"；且性格耿直、不附时风，自重为珍。善书法，"酷似乃风，亦精鉴赏"，但自有自家风格。

《潇湘奇观》为米友仁所绘山水画之代表作。图绘江边雪山、云雾变幻的奇境；只见浓云翻卷，远山坡脚隐约可见，随云气之游动变化，山形可隐可显。群山重叠起伏，远处峰峦终于出现于白云中；中段主峰耸起，宛如尖峰起伏；林木疏密，远近与层次清晰，显露真实；但末段一转山色，隐入淡远之间，体现自然界之造化神奇。

此画作者以"没骨法"取代隋唐北宋以来之"双钩法"，给人以自然美之印象，改变了山水画的形象和表现手法。作品主要运用泼墨法和破墨法，依仗水墨的晕染来塑造形象，很少用线勾勒，浓淡、虚实的墨色，使景致时隐时显，忽明忽晦，朦胧又富变化，故时人谓他"善画无根树，能描朦胧云"（汤垕《画鉴》），笔与墨之巧妙结合，使得米氏之云山兼具"滋润"与"沉郁"之特色。

四、赵孟頫

山水画，是指以山川河流等自然景观为主体的绘画，其最早只是作为人物画之背景而创作，后独立成一支最能代表国画艺术成就之画种。山水画注重整体构图效果，尤其以位置之摆放、神韵之表达，以及笔墨之浓淡为要点。

就风格之不同，又分水墨山水、青绿山水等小类。历代代表主人物有：唐之李思训；宋之李成、范宽、董源；元之黄公望、吴镇、王蒙、倪瓒；明、清二代之董其昌、王时敏、王鉴、王原祁、石涛、八大山人等名家。

赵孟頫，元代书画家、文学家。字子昂，号"松雪道人""水精宫道人"，中年曾作孟府，浙江湖州人氏，宋宗室之后裔。宋亡后，隐归乡里闲居。元世祖忽必烈搜访宋朝"遗逸"，经程钜夫荐举，始任兵部郎中，又官至翰林学士承旨，封“魏国公”，谥“文敏”。

赵孟頫精通音乐，善鉴定古物玉器，其中以书法、绘画成就尤高。山水画取法董源、李成；人物、鞍马师法李公麟和唐人；亦工墨竹、花鸟等画，所画风格皆以笔墨圆润苍秀见长，以飞白法画石，以书法用笔写竹，力主变革南宋院体格调，自谓“作画贵有古意，若无古意，虽工无益”，遥追五代、北宋法度，有评论谓“有唐人之致去其纤，有北宋人之雄去其犷”，遂开元代之新画风。

赵亦善诗文，其诗之风格以和婉为色；兼工篆刻，尤以“圆朱文”著称。传世画作有《鹊华秋色图》《红衣罗汉图》《幼舆丘壑图》《秋郊饮马图》《江村渔乐图》等。

《红衣罗汉图》所绘，身着红色袈裟的罗汉盘腿坐于树下青石之上，左手前伸，神态安详，正在讲授佛法的情景。图中罗汉颇似西竺僧人，据悉他常与西域僧人往来，故能对西域人之神态特征刻画入微；其人物造型取法于唐之阎立本，即以铁线描勾勒，且用笔凝重，苍劲有力，人物形象逼真。

明代时期

一、戴进

戴进，明代画家，号静庵，浙江杭州人。少年时当过金银首饰学徒，后改学绘画，刻苦用功，画艺大进，宣德年间供奉宫廷，因画艺高超而遭妒忌，遂被斥退。后浪迹江湖，卖画为生。

他擅长山水、人物。其山水画师法马远、夏圭，并取法郭熙、李唐，多是遒劲苍润手法；用笔劲挺方硬，水墨淋漓酣畅，发展了马远、夏圭传统。

人物画师法唐宋传统，兼长二笔、写意；工笔用铁线描和兰叶描；写意从马远变化而来，笔墨简括；花鸟画工笔、写意、没骨诸法皆擅长。人物佛像则能变通运笔、顿挫有力。

其画作在明中期影响较大，追随者甚众，人称“浙派”，逐成明代前期画坛之主将，后世推他为“浙派”创始人。传世之作有《春山积翠图》《风雨归舟图》《三顾茅庐图》《达摩至慧能六代像》《南屏雅集图》《归田祝寿图》《葵石峡蝶图》《三鹭图》等。

二、唐寅

此幅《落霞孤鹜图》，是唐寅所绘山水画的代表作。画面表现的是：崇岭峙立，几株柳树亭立，半掩水阁台榭，下临江水阁中一人独坐眺望，旁有童子侍立。不远处，落霞孤鹜，烟水微茫，故画中景观辽阔优美。

此画技法工整，山石用湿笔点染，故线条流畅，风格潇洒俊秀，突显飘逸；画上自题诗是借王勃之少年得志，来为自己坎坷不平之遭遇而吐不愉。此画风格近于南宋院体，为他盛年得意之作。

唐寅出生于商家，故地位较低。其幼年即能刻苦学习，十一岁显出过人之才，并能写出一手好字。十六岁中秀才，二十九岁参加乡试，获“解元”（第一名）。次年，赴京会考，与他同路赶考的江阴地主徐经，因暗中贿赂主考官的家僮而事先得知考题，但事情败露。唐寅亦受牵下狱，遭受凌辱。此后，自负的唐寅对官场产生反感，自此，性格、行为流于不羁，后在好友祝允明规劝下发愤读书，决心以诗文书画终其一生。

唐寅性格狂放不羁，在绘画中则独树一帜，自成一家；其行笔秀润缜密，颇具潇洒清逸之韵味。他的山水画多表现为雄伟险峻、楼阁溪桥、四时朝暮的江山胜景；有时亦描写亭园幽境中文人逸士的悠闲生活。其山水画大幅气势磅礴，小幅清隽潇洒，题材多样。其人物画多写古今仕女或历史典故。其传世的画作有《王蜀宫妓图》《落霞孤鹜图》《事茗图》《看泉听风图》等。

《落霞孤鹜图》这幅画所取的名字，是根据唐寅在画的左上部自题诗而得。其诗曰：“画栋殊帘烟水中，落霞孤鹜渺无踪；千年想见王南海，曾借龙王一阵风。”

画中描绘的是，垂柳依于高岩，水阁依山临江，阁中有人眺望落霞孤鹜。此画用笔苍劲秀丽，色墨浑然一体，且有清润明洁之感。画中，山石皴法用笔较干，而反见秀润；林木、水榭用笔工整，却更见功力。

唐寅山水画是学南宋院体一派风格的，却能融入文人情调，与吴伟一派不同。唐寅取李唐之长，皴法变斧劈为细劲，寓雄健于隽秀之中。这幅图中的柳树画法工整精致，粗干细枝密叶，极富天然真趣；而皴纹疏繁得当，法度严谨，是唐寅的传世名作之一。

三、陈淳

陈淳，明朝画家，江苏苏州人，字道复，号白阳，又号白阳山人。曾学画于文徵明，后不拘师法；又法米芾、黄公望、王蒙。其山水较文徵明疏放开阔，盖学米友仁而致笔迹放纵也。其尤擅长水墨写意花鸟，开明代写意花鸟画之新局面。

前面讲过山水画，此处再讲一讲花鸟画之特色。花鸟画，亦是国画一大分类。泛指以花卉、鸟、兽等动植物为主体的绘画。此类创作之体裁，产生年代较人物、山水为晚，多讲求精细或趣味，刻画以精巧、传神为主。

画花鸟就表达形式的不同，又分为工笔花鸟及写意花鸟二类。以表现手法而言，国画主要以写意或工笔，或二者兼顾为主，但以讲究意境深远、气韵充实、画面传神为创作手法。以线条勾线传神、着色自然为特点，总以和谐为主旨；另以独特之手法，以印章为点缀，以达平衡、增韵为独创，是为东方绘画之魅力所在，更显完美，此为西洋画之所无。

大写意，即以张条疏散、施墨粗放为特点，削繁为简、遗形取神为手法，创作者多为泼墨粗画。小写意，即以简练归融为特色，多强调笔墨中之情趣，不苟求惟妙惟肖，但求整体气势与着色。工笔，是与写意不同的手法，与写意相反，多求刻画精确，要求工整、细致，乃至细节明确、刻画入微，手法以细腻、准确为度。

四、仇英

仇英，明代画家，字实父，号十洲，太仓（今属江苏）人，后定居苏州。其出身工匠，后从周臣学画，因文徵明之推赞而知名当时，以卖画为生。

仇英擅画人物，尤长仕女。工于设色，又善水墨、白描，能运用不同笔法表现不同对象。刻画之人物形象，或圆转流利，或劲利有力，皆为精工、妍丽之作，世人有“周昉复起，亦未能过”之评。他的山水画多学赵伯驹、刘松年，所画青绿山水之作，多呈细润而风骨劲峭；亦善绘制花鸟。晚年客居于收藏家项元汴家，模仿历代名迹，据称“落笔乱真”。

仇英在当时名家周臣门下学画，曾用心临摹古代佳作，因刻苦及天赋不凡，故而技艺大进，成就卓著，因而与沈周、文徵明、唐寅并称“明四家”或“吴门派”。

他所创作的题材很广泛，擅写人物、山水、车船、楼阁、界画等场景；尤擅长于临摹，技法之中，工笔、写意、白描俱佳；画风细腻工整、色彩华丽，取古德之长而又能化为己用、自成一格。

其传世作品有《春夜宴桃李园图》《柳下眠琴图》《桃村草堂图》《剑阁图》《松

溪论画图》和《玉洞仙源图》。

《春夜宴桃李园图》描绘了李白“春夜宴桃李园”的故事，是历来众多画家偏好的题材。前人一般着眼于“欢歌”和“夜游”的情景，而这幅图的作者却表现“幽赏未已，高谈转清”的时刻——李白与友人于庭园中秉烛而坐、饮酒赋诗……身后有侍从、乐女相伴。其中，人物刻画传神，所勾勒的线条也是十分地秀丽婉转。

五、董其昌

董其昌，华亭（今上海松江）人氏，明代著名书画家、书画鉴赏家兼书画理论家。字玄宰，号“思白”“香光居士”，人称董华亭。万历进士，授编修，官至礼部尚书、太子太保，谥号文敏。

他的书法，先从颜真卿，后学虞世南，再后，又觉唐书不如魏晋，转学钟繇、王羲之，并参以李邕、徐浩、杨凝式等笔意，自谓“于率易中得秀色”，其书法分行布白、疏宕秀逸，颇具个人特色，对明末清初的书风影响很大。

董其昌擅画山水，师法董源、巨然，以元代黄公望、倪瓒为宗，成为集历代画家之大成者。但重写意，不重写实，所画丘壑变化较少，而讲究笔致、墨韵，画格清润明秀、灵静飘逸。论画标榜“士气”，将古代山水画家仿禅宗而分为“南宗”“北宗”，并推崇“南宗”（如王维者流）为文人画正脉，形成崇“南”贬“北”之己见，其说影响明代以后的画坛；又提倡作画须“读万卷书，行万里路”，此调对后世论画亦影响较大。

此人才华俊逸，好谈名理，善鉴别书画。书法出颜真卿，后遍学魏晋唐宋诸名家，并融诸家之长自创风格；其行书古淡潇洒，楷书则有颜真卿之率真韵味，草书植根于王羲之的《争座位》《祭侄稿》，兼有怀素之圆劲和米芾之跌宕。与邢侗、米万钟、张瑞图合称“明末四大家”，对明末清初书风影响很大。

其书法结体宽绰，取颜真卿之布白而不强作恢宏，取米芾之“奇宕潇散，时出新致，以奇为正，不主故常”，故而笔势潇洒随意。传世之作有《秋兴八景图》《山庄秋景图》《昼锦堂图》等。

《秋兴八景图》一共有八开，此为其一。画面描写作者泛舟吴门、京口时，一路上所见到的景色既有草木繁茂、风雨迷蒙的江南丘陵特色，又有沙汀芦苇、远山横现的水乡情调。此画构图精巧、意境深远，虽简洁明了却不觉单调，韵味十足；技法集宋、元各家之长，形成苍秀雅逸的独特风格。

清代时期

一、吴宏及国画之装裱

吴宏，清代著名画家，字“远度”，号“竹史”，江西金溪人，长居江宁（今南京）。

其人诗书均精，自幼喜爱绘画，笔墨得诸家之长而能出己意、纵横放逸。

他的《柘溪草堂图》描绘的是，坐落在白马湖东岸树丛中的小村、主人的优雅住所——柘溪草堂。因为环境太美，以至于主人邀请画家将它描绘下来，并将其日常的生活表现于中，使此画成为得意之作。我们可以看到，村前有一座小桥，湖水环绕着村庄，树林里的楼台面对湖水，主人或来客可登楼远眺，或与客人相对而坐、侃侃而谈，有如置身世外桃源。

有同学问及国画的装裱，此处再略讲一些国画装裱之相关知识。由于国画多绘于易于破碎、变形之宣纸或绢物之上，故我国国画均须在背后用纸托裱，以绫、绢、纸等镶边后装上轴杆，以便保存留传。我国绘画装裱技术距今已有千余年的历史；在传统的意义上，国画装裱后才算是一幅完整的作品。

（一）立轴

立轴是国画中装裱的一种式样。中间部分叫“画心”（又名“画身”），上面称“天头”，下面称“地脚”。上、下又有“隔水”。装裱尺寸四尺以上的称为“大轴”，俗称“中堂”；特大的称为“大堂”或“大中堂”；三尺以下的画幅称“立轴”。上装天杆，下装轴。有的天头贴“惊燕带”（又称“绶带”），这种格式盛行于北宋宣和年间。“画心”上、下端加镶锦条，称之为“锦眉”。

（二）册页

册页是中国书画装裱的一种式样。因画身不大，亦称之为“小品”。有正方形，也有长方形、竖形或横形；有推蓬式、蝴蝶式和经折式三种；也有裱成单片的，称之为“散装”。一般册页均取双数，少则四开、八开、十开，多则十二开、十六开或二十四开。册页外镶边框，前、后添加副页，上、下加板面。这样，欣赏、携带、保存、收藏就比较方便了。

（三）屏条

屏条，中国书画装裱的一种式样，由于画身狭长，所以有装裱成屏条形式的。屏条单独的称为“条屏”；四幅并排悬挂的称为“堂屏”或“四季屏”；也有四幅以上乃至十二幅、十六幅的，这些都是成双的完整画面，称为“通景屏”或通屏。

（四）手卷

手卷也是装裱式样中的一种，也称“长卷”或“图卷”。外面有“包首”，前面有“引首”，中间是作品；紧连作品两边的叫“隔水”，后面有“拖尾”。“包首”的上面贴有“题签”。历代名画如北宋王希孟的《千里江山图》，张择端的《清明上河图》，元代黄公望的《富春山居图》等，都是手卷的装裱式样。

二、石涛

石涛是明朝悼僖王朱赞仪的第十世孙；父名朱亨嘉，曾于南明隆武时在广西自称“监国”，后被俘遭杀，其时年尚幼小。他本来是明末皇族，未满十岁家庭惨遭变故，于是削发为僧，四处流浪；他法名叫原济，亦作元济（后人误传为“道济”），号石涛，又号苦瓜和尚、大涤子、清湘陈人等。

他因逃避兵祸，四处流浪，得以遍游名山大川，而悟大自然之奇妙造化；至清康熙时期，其名已传扬四海；他曾两次在扬州为康熙帝接驾，并奉献《海晏河清》。

石涛所画山水、兰竹、人物等，讲求创意，构图善于变化，笔墨恣肆，意境新奇，一反当时仿古之风，王原祁评他为“大江以南，当推石涛为第一”。他的画作对扬州画派及近代中国画影响很大，兼工书法和诗，对画论尤有深入研究；所著有《苦瓜和尚画语录》其手写刻本，名《画谱》较为有名。

其一生遍游名山大川作画写生，“搜尽奇峰打草稿”，为明清时期最富创造性的一代大画家。他作画构图新奇，无论是黄山云烟、江南水墨，还是悬崖峭壁、枯树寒鸦，总能力求新奇，意境清新悠远，尤善用“截取法”以传深邃之境；石涛还讲求气势，故其笔势恣肆、淋漓洒脱而又不拘小疵，有豪放之态，以奔放见胜。

石涛善用墨法，枯湿、浓淡兼容并施，尤喜用湿笔，通过水墨的变化与笔墨的相融，多能表现山川之氤氲气象，或意境深远、厚重之态，有时用墨浓而显墨气淋漓，有时运笔酣畅流利或加方拙之笔，于是方圆结合以显朴实，秀拙相生而露清新。

他擅画山水，主张应细心体察大自然之景观，领会于心而下笔如有神助，笔墨“当随时代”而绘；画山水者应“脱胎于山川”“搜尽奇峰”，进而“法自我立”，《黄山八胜图》即是其代表作之一。石涛的传世作品有《搜尽奇峰打草稿图》《黄山八胜图》《海晏河清图》等。

三、八大山人

八大山人原名朱耷，清初著名画家。字雪个，号个山，后更号为个山驴、八大山人等，江西南昌人，明朝皇室之后。清初之时隐其姓名，隐居在南昌青云谱道观。

八大山人经历明清之际天翻地覆的时局变化，且自身从皇室沦为逸民，并为避害而出家，可见其饱经苦难；其诗文书画出众，但因家破国亡之故，装聋作哑，从其作品中可略见其心之悲怆。

朱耷擅画水墨花卉禽鸟，笔墨简括凝练、形象夸张、意境深刻；所写山水，画境冷清、枯寂；其水墨画技法对后世写意画影响很大；他的山水画及花鸟画，多所体现其内心孤寂遁世、清高自赏的风骨和性情品格，丝毫不比他的花鸟画逊色。兼有豪情纵逸的雄健风格、朴茂酣畅的凝重情意和生拙涩秀的奇特韵味，然而虚淡中含意多，蕴含深刻。

此幅《山水图》亦名《秋林亭子图》，写秋数茅亭、地老天荒之景，笼罩着一派荒凉静寂、无可奈何的气氛，有一种哭笑不得的枯索情味。

八大山人书法成就颇高，致使将其画名掩盖，知者不多。其书法，行楷学王献之的淳朴圆润，并自成一格。其所写书体，以篆书之圆润施于行草，自然起落，以高超的手法将书法的落、起、走、住、叠、围、回等技巧藏蕴其中，且能不着痕迹。古人谓之“藏巧于拙，笔涩生朴”，由此可知八大山人书法之妙，世之少见。

能窥山人之书体全貌的，莫过于《个山小像》中其所题字包含篆、隶、章草、行、真等六体书之，可见其功力之深，世间罕见伦比者，可谓集山人书法之大成。其晚年时，书法达其艺术成就之巅，草书亦不再怪异、雄伟，如其所写之行书四箴入《般若波罗蜜多心经》等，平淡无奇、浑若天成，无丝毫修饰，静穆单纯，似超脱凡俗、不着人间烟气，是书家所爱之珍品。

四、邹喆及国画之技法

邹喆，清代画家。字方鲁，江苏吴县人。自幼随父亲客游金陵，其画宗法于其父。其山水画稳重而有古气，富简淡清逸、超绝脱俗之情趣，兼长水墨花卉。此画设色清雅，笔墨精练，画面意境清旷，笔墨秀润峭利，至令景物清隽生动、形象逼真。

《崇山萧寺图》描写崇山峻岭山坳间，有寺院深藏幽静处，山脚下有水竹村庄、村舍错落；旁边溪回路曲、小溪蜿蜒；另板桥横跨，设色清雅，故而画面生动；其笔粗犷苍劲，又不失清淡超逸之趣，确属佳作。

金陵的山水景色陶醉，遂定居此地。他的山水画简淡清逸，也擅长水墨花卉，大幅的松树作品尤为出色，为世人珍藏；画风上则继承父亲风格，约卒于康熙中期。传世作品有《崇山萧寺图》《松林僧话图》《山水》等。

最近，有同学来问国画技法，余在此略述一些。我国国画的技法自古流传的不少，但常用者或有独特之处归纳如下：

（一）十八描

十八描指人物画中衣服褶纹的描绘方法，又有“古今描法一十八”之称。此法在明代周履靖的《夷门广牍》和汪珂玉的《珊瑚网》中有讲述，简称“十八描”——即高古游丝描（顾恺之）、铁线描、行云流水描、马蝗描（又名“兰叶描”，马和之）、钉头鼠尾描（武洞清）、混描、撅头描（马远、夏圭）、曹衣描（曹不兴）、折芦描（梁楷）、橄榄描（颜辉）、枣核描、柳叶描（吴道子）、竹叶描、战笔水纹描、减笔描（马远、梁楷）、柴笔描、蚯蚓描。

（二）双钩

双钩就是用线条勾描物象的轮廓，又名“勾勒”。因其基本是用左右或上下两笔勾描合拢，故又名“双钩”，多用于工笔花鸟画。

（三）白描

白描指用墨线勾描物体而不加色彩的一种手法。唐代的吴道子、北宋的李公麟、元代的赵孟頫等都是白描的高手。

（四）皴法

皴法指一种表现山石、树皮纹路的用笔方法。对历代画家根据山石的不同结构、质感、树木的纹理所创造的表现形式，是后人根据前人的经验以及对大自然的体会所总结的不同手法。而历代下来，皴法主要有以下几种：披麻皴（董源、巨然）、直擦皴（关仝、李成）、雨点皴（范宽）、卷云皴（李成、郭熙）、解索皴、牛毛皴、荷叶皴（赵孟頫）、长斧劈柴皴（李唐、马远）、鬼脸皴（荆浩）、拖泥带水皴（米芾）、折带皴（倪瓒）、破网皴（吴伟）树的皴法有：有鳞皴（松树皮）、绳皴（柏树皮）、交叉麻皮皴（柳树皮）、点擦横皴（梅树皮）、横皴（梧桐树皮）。

（五）没骨

没骨指一种不用笔勾、墨画为骨，而直接用色彩涂抹、描绘物体的一种手法。五代黄筌所画花卉，勾勒用笔较细，着色后几乎不见笔迹，遂有"没骨花枝"之称；后来到北宋时期，有画家徐崇嗣学黄筌之手法，所绘花卉更是不加墨线勾线，只用彩色画成，世称"没骨画"，后人将此类画法称之为"没骨法"。

（六）泼墨

泼墨指将墨泼于纸上后，随其形状画出景物的一种手法。相传唐代的王洽，曾以墨于纸上而画出形神兼顾的画作，遂成绘画的创作方式。后世将用笔水墨饱满、淋漓尽致、气势磅礴的手法称之为"泼墨"。

五、髡残

髡残，湖南武陵（今常德）人。字介丘，号石溪，又号白秃，一号壤，自称残道人，晚年署名"石道人"；在画坛上与石涯并称"二石"，又与程正揆并称"二溪"。

据说，其母梦僧人入室而孕，因而他年岁稍长，总以为自己前生是僧人，故常思出家。程正揆在《石溪小传》中说髡残"廿岁削发为僧，参学诸方，皆器重之"。髡残自幼爱好绘画，年轻时放弃求取功名，二十岁削发为僧，云游名山；三十岁时明朝灭亡，他参加了何腾蛟的反清队伍，抗清失败后，避难常德桃花源。

髡残善绘画，尤其精于山水；绘画技法宗法黄公望、王蒙，早期基础出于明代谢时臣，所融之技法可上追元代四大家及北宋之巨然，曾说："若荆、关、董、巨四者，得其心法唯巨然一人。巨然媲美于前，谓余不可继迹于后。"他习学元代四家以及明代大画家董其昌的画法，同时敢于"变其法以适意"，并以书法入画，不做临摹效颦，此真可见其重情用心、重视笔墨技法之处。

他在艺术上主张抒发个性，敢于创新，反对古板陈旧、墨守成规，其作品充满质朴的感情，似不假造作、真挚感人，故而风格独特，于当时成就最为突出，对后世影响很大。

髡残的山水画章法稳健，繁杂严密而不堵，郁茂浓厚而不塞，景色不以新奇取胜，而以平凡见其幽深处其善用雄健之秃笔和渴墨，层层皴擦勾染，厚重而不板滞，秃笔而不干枯，是他的作品具有“奥境奇辟，缅邈幽深、引人入胜”的艺术境界。

他平生喜游历名山大川，对大自然之博大神奇有其独到的领会，后住在南京牛首山幽栖寺。曾自谓平生有三惭愧：“常惭愧这只脚，不曾阅历天下多山；又常惭此两眼钝置，不能读万卷书；又惭两耳，未尝记受智者教诲。”

髡残的性格比较孤僻，书中云他“耿直若五石弓，寡交识，辄终日不语”。对于禅学，他亦有独到之体悟，能“自证自悟，如狮子独行，不求伴侣者也”。他的画学，在当时已有相当造诣，受到周亮工、龚贤、陈舒、程正揆等人的推崇，因而他在当时的佛教界和艺术界皆有很高的声望。

髡残从事绘画比他人艰难，也付出更多心力，因其一生多受病痛折磨，可能与他早年避兵隐居桃源深处有关，但他从未放逸其心。他尝在《溪山无尽图卷》自题省悟之语，颇为感人。其语云：“大凡天地生人，宜清勤自持，不可懒惰。若当得个懒字，便是懒汉，终无用处。出家人若懒，则佛相不得庄严而千家不能一钵也。神三教同是。残衲时住牛首山房，朝夕焚诵，稍余一刻，必登山选胜，一有所得，随笔作山水画数幅或字一两段，总之不放闲过。所谓静生动，动必做出一番事业，做一个立于天地间而无愧的人。若忽忽不知，惰而不觉，何异于草木！”

张庚在《国朝画征录·髡残传》中有评云：“石溪工山水，奥境奇辟，缅邈幽深，引人入胜。笔墨高古，设色精湛，诚元人之胜概也。此种笔法不见于世久矣！”由此可见，髡残之画深得元代四大家之精髓。

髡残的《层岩叠壑图》这幅画看似排列凌乱，却有“山外有山，移步换景”之效果；其中的山石草木、亭台楼阁经营位置较妙，能达相互交融、相互呼应而又变幻莫测的意境；而山石结构忽而清晰，忽而别致，前后又能浑成一体，让人忍不住反复观看、揣摩，并觉兴味盎然。复杂的构图又显雄浑磊落的气势。

六、弘仁

弘仁，明末清初画家，僧人，安徽歙五明寺，经常往来于黄山、雁荡山之间；俗姓钱，名韬，字六奇；明末诸生，工诗文、书法，其诗多从家国身世有感而来，明亡后出家，法名弘仁，字无智，别名渐江，自号渐江学人，又号渐江僧、无智、梅花老衲。自幼丧父，家贫，事母至孝，一生未娶。

他是明末秀才，明亡后，有志抗清，离歙赴闽，入武夷山为僧，师从古航禅师；云游各地后回歙县，住西郊太平兴国寺和五明寺，经常往来于黄山、雁荡山；工诗文、书法，其诗多从国家身世有感而发，其中尤其以民族感情至为强烈，其人画风萧散淡泊、简洁冷峭。

他擅画山水，取法宋元诸家，尤喜倪瓒（云林），师其法而用功最多；虽尊师法，但又不拘于师法，并能独自创新，所谓“师法自然，独辟蹊径”可做他艺术生涯的注脚。他的作品多画黄山，构图简洁，山石方折，险峰壁立，奇松倒挂；笔墨秀逸而凝重，意境宏阔亦淡远；其画气势峻伟，先声夺人；其人亦善画梅，绘画多得梅花疏枝淡蕊、冷艳寒香之韵致。

弘仁早年从学孙无修，中年师从萧云从，从宋元各家入手，后来师法“元代四家”，尤崇倪瓒画法，作品中如《清溪雨霁》《秋林图》《古槎短荻图》等取景清新，多有云林遗意。他对倪瓒十分崇拜，曾于画中题诗云：“迂翁笔墨予家宝，岁岁焚香供作师”，可见其尊重如斯。

弘仁以画黄山而闻名，世人谓“得黄山之真性情”，笔墨苍劲整洁，富秀逸之气，给人以清新之意趣。与石涛、梅清成同为“黄山画派”中的代表人物。查士标在他的山水画题云：“渐公画入武夷而一变，归黄山而一奇。”

弘仁的绘画于当时及后世皆享誉极高，后人将其与髡残、朱耷、石涛合称“清初四高僧”；又与汪之瑞、查士标、孙逸合称为“新安派四大家”，又称“海阳四家”，弘仁居首位。学他画风的有祝昌、高翔、秦涵等人。

张庚在《国朝画征录》中说：“新安画多宗清（倪瓒）者，盖渐师道先路也。”代表作有《乔松羽土图》《松石图》《黄山蟠龙松》《梅屋松泉图》《黄海松石图》等。

文房四宝

一、文房四宝——笔

毛笔的制造历史非常久远。早在战国时，毛笔的使用已相当发达。从笔毫的原料上来分。就有兔毛、白羊毛、青羊毛、黄羊毛、羊须、马毛、鹿毛、麝毛、獾毛、狸毛、貂鼠毛、鼠须、鼠尾、虎毛、狼尾、狐毛、獭毛、猩猩毛、鹅毛、鸭毛、鸡毛、雉毛、猪毛、胎发、人须、茅草等。从性能上分，则有硬毫、软毫、兼毫。从笔管的质地来分，又有水竹、鸡毛竹、斑竹、棕竹、紫檀木、鸡翅木、檀香木、楠木、花梨木、况香木、雕漆、绿沉漆、螺细、象牙、犀角、牛角、麟角、玳瑁、玉、水晶、琉璃、金、银、瓷等。从笔的用途来分，有山水笔、花卉笔、叶筋笔、人物笔、衣纹笔、设骨笔、彩色笔等。依笔的特性而有“四德”之说，即“尖、齐、圆、健”。尖：指笔毫聚拢时末端要尖端，笔尖则写字较易传神。齐：指笔尖润开压平后毫尖平齐。毫若齐则运笔时方能达到“万毫齐力”的效果。圆：指笔毫圆满如枣核之形。书写运笔自能圆转如意。健：即笔腰弹力，随即恢复原状才是正品。笔有弹力所写出的字会显得坚挺峻拔。

二、文房四宝——墨

墨，是古代书法绘画中必不可缺的用品。东汉时期，出现人工墨品，这种墨原料取自松烟，最初是用手捏合而成，后来用模制，墨质坚实，以陕西省千阳县榆糜的松树烧制的墨最为有名。

墨的外表形式较多，依形状可分本色墨、漆衣墨、漱金墨、漆边墨。

墨，又分“油烟”和“松烟”两种。油烟墨是用桐油或添烧烟加工制成，它的特点是色泽黑亮，有光泽。松烟墨用松枝烧烟加工制成，它的特点是色乌而无光泽。中国画一般多用油烟，只有着色的画偶然用松烟。我们所谓的墨，一般是加工制成的墨锭或墨块。在选择墨锭时，一定要看它的墨色，其中以泛青紫光的最好，黑色的差些；以泛红黄光或有白色的为最差。磨墨的方法，是放入清水后慢慢地磨研，磨到墨汁浓稠为止，但注意要用力平均。用墨要新鲜现磨，磨好了而时间放得太久的墨称为宿墨，宿墨一般书家是不用的。

三、文房四宝——纸

纸是中国古代四大发明之一，造纸的主要材料，多为植物纤维，主要以竹和木为主。宣纸以安徽宣城而得名，但宣城本身并不产纸，而是周围诸地区产纸，后以宣城为造纸散集地的原因，方称宣纸。今日最名贵之书写用纸便是玉版宣了。玉版宣，是将合桑、短节木头、稻秆与檀木皮，以石灰浸泡后制作而成，吸墨性最强，质地最优。因宣纸昂贵，所以一般习字多用毛边纸——这种纸所用原料以竹为主，色呈牙黄，质地精良。元书纸和毛边纸相似，但现在已不多见。写字或绘画，在纸的选择上也有讲究。应选质地柔韧厚密的纸张，因为纸张质地不佳则易损笔，而且不容易保存，古今名纸多以品质著称，如澄心堂纸的“密如玺”，玉版宣的“柔韧、耐久”。纸质应以“坚韧紧密”“色彩洁白、吸墨适度”为选纸原则，而且应根据所临碑帖来选择纸——如锋芒显露、神采奕奕者，多用笺纸类；温润含蓄、风华内敛者，则可选用宣纸类。

四、文房四宝——砚

砚之起源很早，大约在殷商初期就有了。砚，是用来磨墨的，所以质地要求细腻滋润。最有名的当数广东产的端砚和安徽产的歙砚。

端砚，端砚出产自广东高要城斧柯山，唐代以前属端州，因故而得名。端砚有一个特征，为“有眼”，如“鹦哥眼”“了哥眼”等，据说是石嫩则眼多，石老则眼少，也有以眼来判砚的品质优劣——最上品为活眼，其次是泪眼、死眼等。另外，端石的颜色也是品质优劣的标准，有紫、青、白等颜色，而以白色为最好，紫色的最差。端砚据说有三个优点，即下墨、发墨、不损毫。

歙砚，与端砚并称，因产于歙州而得名。歙砚有“纹”，如同端砚之眼，因而也叫螺纹砚。其纹有粗细之分，细纹为砚中奇才，粗螺纹亦为上品，据说能与端砚中的上品相媲美。另有眉子砚，其纹如人之眉而得名，与螺纹砚无异。歙砚之特性亦如端砚，而歙砚偏重发墨，宜写大字；端砚偏于细润、停水，适宜书写小字。

浅谈西方美术史

文艺复兴时期欧洲的绘画

这次应马先生之邀，来此与大家探讨一些有关西洋绘画艺术之话题，余虽[illegible]尚浅，然承蒙诸位抬爱，盛情难却，故敝人自得勉力为之！

首先，余从西洋绘画史说起，并于中举一些名作加以评析，以供诸君作一概貌之了解。西画源流，亦如国画一般久远，可谓“源远流长”。

言及西洋绘画，多指欧洲历史延伸下来之文明体系，而欧洲文明最早达到艺术高峰的是古希腊、古罗马，西洋美术史称为“古希腊、古罗马艺术”，此中历经欧洲中世纪之变革，于 14 世纪初至 16 世纪末这段时期，迎来了西方艺术第二次顶峰——即伟大之“文艺复兴运动”。

以下，敝人将以西洋艺术大师生平或其代表画作加以介绍与评析，以飨诸位！

因古史繁杂，难以考研，今从近代最具影响之“文艺复兴”讲起。首先，当略讲述“文艺复兴”之由来。

“文艺复兴”一词源自意大利语“firlascia”，意为“再生”或“复兴”。14—16世纪，欧洲发生的“文艺复兴运动”，实为一场伟大之思想与文化的解放运动。于此运动，新兴之资产阶级将中世纪文化视为黑暗、倒退，而将希腊、罗马之“古典文化艺术”评为“光明”“高雅”之典范，力图将其复兴。

“文艺复兴”起源自意大利国，后蔓延至整个欧洲，于文学、绘画、雕塑、音乐等多个领域均引起空前之革新，故而影响深远，终成波澜壮阔之文化景观。

一、波提切利

波提切利乃“文艺复兴”时期，翡冷翠（今译为佛罗伦萨）画派的最后一位画家。他于1486年创作的《维纳斯的诞生》，可谓杰作。

该画最大特色，是对人物神情之描写，以及颜色搭配等，并能将人物内心惟妙惟肖表达出来，给人一种美感或净化之感受；其次，时值基督教会统治之下，因宗教保守之影响，袒露之画法似有不妥，因赤裸之人体在当时被视为亵渎或诱惑。甚而成为“异教”，故此画风大体不为世人所接受，可见此画于彼时当属创新之举。

再者，此画师之贡献在于，其巧妙运用了新的绘法，在继承并发展了中世纪之装饰风格处，尚创造出一种线条明确、节奏感强之画风，予人精致、明快、洁净之独特画风，为世人称道。

二、达·芬奇

达·芬奇乃文艺复兴盛期之首位大师，其与画家米开朗琪罗、拉斐尔共被誉为“文艺复兴三杰”。其精力过人，多才多艺，除绘画外，尚通晓力学、光学、天文学、地理学、解剖学、植物学、机械工程学、地质学、兵器学、水利学和土木工程学，且在众多领域多有建树，真可谓是“奇才”。

达·芬奇是一位颇具人文思想的艺术家，有“为世服务、造福子民”之人生观与艺术观；且为理论与实践、艺术与科学结合之典范人物。其作《最后的晚餐》和《蒙娜丽莎》，代表了达·芬奇在美术方面之辉煌成就。达·芬奇作画，善于描绘局部之细微，尤善以人物肢体动作来表达其内心之情感，往往在一举手、一投足间留下深刻而丰富之蕴含，《最后的晚餐》即是用如此手法，将画中人物内心表露无遗！多有画作描绘基督与十二门徒之最后晚餐，然其中空前之作当属达·芬奇所绘。其画作构思巧妙，布局卓越，细微写实之处及严格的体面关系引人入胜。使观者有如身临其境。画中人物举手投足之神态，亦刻画得极细入微，惟妙惟肖。性格之描绘契合画题之主旨，及构图多样而统一，使之不愧为西画作品之经典。

三、弗朗索瓦·克鲁埃

弗朗索瓦·克鲁埃，乃 16 世纪法国枫丹白露画派大画家让·克鲁埃之子。枫丹白露画派乃 16 世纪活跃于法国宫廷之美术流派。此流派形成于 1530 年前后，法国国王法兰西一世将不少意大利画家请至法国，为其位于枫丹白露之宫殿创作壁画与雕刻。以此为缘，诸法国画家与来法之意大利艺术家交往甚密，交流之余自然形成了一种独特之画风，此画派后人称之为“枫丹白露画派”。所创作之作品多是体现“样式主义”风格。

弗朗索瓦·克鲁埃继承其父之传统，其精美的垩笔素描颇具独立之审美。除肖像画之外，弗朗索瓦·克鲁埃还创作了诸多神话故事题材。《贵妇人出浴》为其代表作，画中妇人虽袒露身体，构图却依然予人写实的半身肖像画之感，构思巧妙地展现了贵族的生活。

17世纪欧洲绘画

人云，15、16 世纪文艺复兴时期的艺术家们是把“艺术从宗教拉回了人间”，那么也可以说，包括绘画在内的 17 世纪欧洲美术，是对这一现实（或现世）人间艺术进一步的发展做出了贡献。不过，随着资本主义的快速成长、人文主义的深入传播以及宗教势力的顽固抵抗，使得这一发展充满了曲折和多样性。

最初，文艺复兴时期的绘画在表达人文主义思想时，尚未脱离宗教题材；而至 17 世纪的欧洲绘画，却勇敢地走出了宗教影响，使得现实的世俗的人物画、肖像画、风景画、静物画乃至裸体人像画普遍繁荣了起来，表现了上流社会在现实生活中的安定、富足及享乐。

再者，文艺复兴时期的绘画崇尚“和谐、宁静、理想”之美；而 17 世纪的欧洲绘画则强调打破和谐、崇尚自然，主张源于真实、自然之美，并因此丰富了绘画艺术的表现手段。于是，在此背景之下，意大利、荷兰和西班牙相继出现了“现实主义”画派。这些艺术家深入下层社会、了解百姓生活，因之，作品带有明显的写实主义风格和社会批判色彩。

一、卡拉瓦乔

卡拉瓦乔乃 17 世纪意大利最伟大之现实主义画家。生于伦巴第省卡拉瓦乔小镇一建筑师家庭，11 岁时移居米兰，后随著名画家西蒙·彼得尔查诺学习绘画。在西蒙·彼得尔查诺的影响下，卡拉瓦乔接触过“样式主义”艺术；但对其影响最深的当属文艺复兴时一些大师之作，及伦巴第下层百姓悲惨现实之生活。

自 1597 年起，卡拉瓦乔进入其绘画创作生涯之盛期。画家彻底克服了“样式主义”之影响，独辟蹊径，将其于风俗画中所得之新法运用于宗教绘画之中，从而在宗教绘画创作上获得重大突破。1592—1602 年，卡拉瓦乔在一次争吵中误杀一人，故而不得不离开罗马，迁移那不勒斯，至此开始流浪生涯。然则，流浪生涯亦使画家有机会接触下层百姓之真实生活，最终成为敢于歌颂普通百姓之伟大艺术家。

卡拉瓦乔盛期之作有《圣母之死》和《圣保罗的改革》等；从 1606—1610 年，在卡拉瓦乔创作晚期，其作品有《洗礼者约翰的斩首》《圣路乔的埋葬》等作品；其杰出之画作为《基督的降临》和《基督的笞刑》，作品中之画面色调浓重，其特殊处理之法，亦被后人称之为“黑绘法”。

卡拉瓦乔逝于 1610 年，年仅 37 岁；死后，其风格为各国“现实主义”画家所继承，时人称其画风为“卡拉瓦乔之现实主义”。

《基督在以马忤斯的晚餐》亦为卡拉瓦乔代表作之一，描绘《圣经》中“基督复活”之情节。在作品中，卡拉瓦乔选择门徒突然认出基督后内心的震惊作为创作主要点，采取的是短缩透视手法；画面背景为暗黑色墙壁，一束亮光照于基督脸上，以红、白对比之法，使之成为画面中心，而摆在桌上的水果，有的已熟透，有的已裂开，有的则变质，借此，表达画家之精神或信仰上帝与基督乃永恒不灭之神。

卡拉瓦乔有一信念，即事实无论美与不美，画者都应忠实于它，若能将其真实表现，即是佳作。此番论述被时人批评为“粗鲁之自然主义”，而后世之人则称之为“卡拉瓦乔之写实主义”，因其能令欣赏者从内心生起虔敬之心。

二、鲁本斯

“巴洛克”一词乃奇形怪状、矫揉造作等意，其最初为 18 世纪末“新古典主义”艺术家用来嘲讽 17 世纪艺术之语，说此派画风有违“古典艺术”之典范，为贬义之词。

巴洛克美术源于 17 世纪意大利之罗马，后盛行于全欧，其成就多体现于建筑、雕刻、绘画、音乐诸方面，以热情奔放、华丽大度及运动感强为典型风范。

“巴洛克美术”多讲究光线之运用，强调作品中之局部或精神气质，且追求写实特性，注意人物之性格心理，且注意外部造型之匀称，追求和谐；画家们喜以寓意或象征手法来表达画作内涵，力图表现人物深层之内在心理，或表达神秘之视觉感受。“巴洛克”风格中，最杰出之代表为画家鲁本斯。

画作《劫夺留西帕斯的女儿》以动静及色彩强烈对比而构图，于中尚有宁静与神圣之表达，故而不觉野蛮，小天使之出现，令人无暴戾之感，似为本能而延伸之游戏。鲁本斯之天赋，可从其色彩及赋予作品以活力中得以窥见。

三、伦勃朗

西洋画师伦勃朗，早年曾师从威楞柏格、拉斯特曼学习绘画，且吸收卡拉瓦乔之“明暗法”并有所创新，后形成自己独特之艺术风格。1623 年，伦勃朗因创作《杜普教授之解剖课》而一举成名，并与贵族之女莎士基亚结成连理。此间,其佳作不断,如《画家和他的妻子》《基督受难》《圣家族》和《丹娜厄》等。

后因伦勃朗艺术之求与权贵产生矛盾；加之爱妻离世，备受打击；同年，其巨作《夜巡》因人物排列问题遭到订画人反对，故而心情忧郁。此后，伦勃朗开始创作《圣经》故事画作，同时亦有肖像画与风景画，其作品具色彩温暖、明暗分明之特点，而题材丰富、造型微妙。

晚年，乃为画家生活最困难之时，因订画之人日少，收入几无。1662 年，伦勃朗第二位夫人不幸逝世；六年后，其爱子亦离人间，可谓不幸中之不幸。然而生活之不幸并未摧折伦勃朗之坚强意志和创造力；反之，其最伟大之肖像作品——《呢绒公会理事们的肖像》《大卫在索罗门前弹琴》《浪子回家》等，即在此段艰难岁月所创。1669 年 10 月 10 日，伦勃朗不幸病逝。

伦勃朗一生创作之作品极多，虽已遗失不少，尚留下五百余幅油画、二百余幅蚀刻版画及一千五百余幅素描，为荷兰不可多得之“现实主义”作品。

说起此幅《夜巡》作品，尚有一段让人省思之背景：虽《夜巡》花费伦勃朗之大量心血，而此画却为伦勃朗引来一场极为不利之诉讼——因此这幅之订购者乃阿姆斯特丹射击公会，而成员因同等之钱财却不能占有同等显著之地位，故而向伦勃朗提出抗议，讨返画金之余尚对伦勃朗大肆攻击，由此可见艺术家之不易；加之伦勃朗曾以妻子为模特儿画过宗教题材之作品，故而遭到维系传统道德之人的非议。于是，不幸随之而来，不仅订画者疏远于他，而其爱妻不久亦离开人世，可叹人世之无常！

四、委拉斯开兹

画家委拉斯开兹，1599 年生于塞维利亚。少年时曾师从著名画家巴契科学习绘画技法，17 岁即获得“艺术家”之称号，可见其天赋不同一般。

其创作之时所观之对象，多为下层平民，因之常与流浪者、老妇、商贩走卒相往来，此从其画作中可以窥之一二，亦可从中理会画家之内心情感，如《卖水的人》（1617 年）即是此类作品。

1623 年委拉斯开兹被任命为宫廷画师，至 61 岁去世时，其在西班牙王宫度过几近 40 年之久。1629 年，委拉斯开兹结识大画家鲁本斯，在鲁劝说之下，他先后两次周游意大利，发掘前辈艺术大师之宝藏。

其一生创作了大量肖像作品，对象既有国王大臣、亲朋好友，亦有平民百姓、下层佣人；其人格颇高，于描绘教皇或王公大臣亦无丝毫阿谀之态，描绘侍从、佣人亦无轻蔑或不逊，故可见其人品之端绪。

委拉斯开兹乃西班牙 17 世纪现实主义绘画大师，亦为西班牙 17 世纪绘画艺术之光荣典范。

五、维米尔

维米尔乃荷兰著名风俗画家。代表作有《倒牛奶的妇女》《包头帕的少女》《做花边的女子》和《画家和他的画室》等。其作品多以市民、家庭女主人为主角，描绘其日常之生活细节，却不流枯燥，并富生活之趣。运用色彩，维米尔喜用蓝、黄色调；其作品构图，多注重几何形状，且不愿于细节之上有意刻画，给人以浑然天成之感，作品多以简洁、精练、朴实抑或凝重见长。因其善于表达物态平凡朴实之美，故世人赞其为“描绘宁静生活的诗人”“描绘光影变化的卓越大师”。

18世纪欧洲绘画

18 世纪的欧洲，封建制日益动摇、衰落，继荷兰、英国发生“资产阶级革命”之后，伟大的“启蒙运动”导致了法国 1789 年“资产阶级大革命”的爆发——

它为资本主义在欧洲的全面发展开辟了广阔道路。由于启蒙运动产生了巨大影响，欧洲的18世纪被人们称作“启蒙时代”或“理性时代”。文化艺术中心也自意大利转移到了法国。

在思想极度变革的背景下，欧洲的审美趣味却依然具有顽强而鲜明的特性，在18世纪的文化艺术中，封建统治阶级的艺术理念始终与新兴资产阶级的审美观念发生对峙与碰撞；因而在那一百年间，欧洲的绘画艺术并存着两种不同的艺术潮流——即“罗可可艺术”和“市民美术”。

“罗可可艺术”是完全属于上流社会的装饰品与享乐物——它是一种追求艺术效果和装饰感的艺术风格，可以说它是将巴洛克艺术中的“宫廷因素”和“豪华因素”推向了顶峰；但这种风格不像巴洛克在17世纪那样盛行，它仅流行于王宫和贵族府邸，后来影响的面也不是很广。

“市民美术”是一种在“启蒙主义”思想影响下的、于18世纪中叶形成的一种针对平民的艺术风格。它反映的是新兴资产阶级的美学理想和平民百姓的生活愿望，可以说它是一种与“罗可可艺术”完全对立的表现风格。

一、亚森特・里戈

亚森特・里戈出生于彼尔比尼扬，青年时曾崇拜凡・代克之盛装肖像作品，22岁时到巴黎从事创作；然，其29岁方肯接受王室之预订，因画技高超故而很快饮誉上流社会；31岁被聘为宫廷画师，故其肖像画作及卓越之才方能声名远播。

17世纪，法国尤重肖像艺术。至18世纪初，肖像画已渗入各个阶层，其时所出著名肖像画家，如弗朗索瓦・德・特鲁瓦、拉吉利埃、里戈等人皆为此一时期之杰出代表。

亚森特・里戈继承拉吉利埃之遗风，亦画穿着华丽、服饰高贵的人物，或以神话为题材，能突显被画者之爱好或气势；其用色鲜艳强烈，造型准确细致，甚而所画者比真人更显高雅，因而大受王公贵族喜爱。

二、弗朗索瓦・布歇

弗朗索瓦・布歇，是继华多之后最能代表“罗可可”风格之画家。他喜欢神话或田园诗，在画中喜借缪斯、狄安娜等女神形象表现娇艳女性之胴体。

人体画在西方有着深厚传统，无一文化能比西洋人对裸体表现有如此持久之兴趣。18世纪，西洋画之裸体女子多不遮掩，表现亦较自然，无东方女性之害羞表情，甚有挑逗之意味。布歇画风即为此类，其人喜用明亮之蓝色、玫瑰色或黄白色，以此类颜色调和而成之肤色足以刺激视者之感官。

《浴后的狄安娜》乃布歇表现女人身体作品中最好的一幅，其技法为法国绘画之骄傲。布歇以蓝色丝绸与女子之肌肤形成鲜明对比，令其肤色有红润、细腻之感。狄安娜即希腊神话中之阿耳忒弥斯，是月神和狩猎之神，为最高神祇宙斯之女，以贞洁而著称。

《勤劳的母亲》，此幅作品描绘的是一位勤劳的母亲正在纺纱的情景。画家想用这个题材，令欣赏者发现社会和生活中可贵的（或者说是平凡的）人与事，并用创作来加以肯定和说明。

三、夏尔丹

夏尔丹乃18世纪法国最伟大的画家之一，亦是西洋美术史上静物画大师。夏尔丹擅长创作风俗画、静物画，其风俗画多表现平民生活；其静物画则尽力将平凡化为优美；其主要作品有《勤劳的母亲》《烟斗与茶具》和《鹞鱼》等。

夏尔丹创作多不加修饰、崇尚自然，喜描绘平常之家庭用品，或日常之生活细节。其质朴之风格似接近伏尔泰、狄德罗等哲人，与其时先进之“启蒙主义”思想相合。

以绘画形式来表现普通市民的生活并能将自然、亲切、朴实之美感表达出来，确属不易，而夏尔丹之画却能使人易感画中温暖及生命气息，此类沉穆、凝重、朴实之画作反愈显醇美动人，使阅者感受其自然而真切之表白——此点正是夏尔丹伟大及动人之处。

四、弗拉格纳尔

弗拉格纳尔为追求艺术，曾几经转辗——起初师从平静朴实之画家夏尔丹学画，但老师并未发现他潜在之才华，甚至一度将其看成是无可救药之浪荡子；后来，弗拉格纳尔又从师于画家布歇门下，通过这位师长，弗拉格纳尔找到了其渴望的一切。

《秋千》是为后人所提及最多之作，描绘了在树荫浓密的花园里，衣着华丽的时髦女子荡着秋千——如布歇笔下之狄安娜，所有明亮之光环皆集于该女子一身，粉色衣裙引人起浪漫之遐想；于画面左下角，一青年男子与荡秋千的少妇传递情意，而活泼的小爱神，则目睹了这一现场。构图看似平淡无奇，却能将其中之人物内心表达得淋漓尽致，实是高明之手法。

五、戈雅

戈雅出生于西班牙一农民家庭。15 岁时在一画家的工作室学习绘画。1776 年，只身前往首都马德里，入宫廷挂毯织造厂任设计，画有不少挂毯草图。自 1785 年起，戈雅任马德里皇家美术学院副院长之职，兼宫廷画师，于此期间，为王公贵族描绘不少肖像。

1789 年，“法国大革命”前夕，戈雅艺术创作渐趋成熟，其早期乐天无忧之心情渐为愤怒、激情及冷静所代。其创作之肖像作品中，尤为突出者乃《何维兰诺斯肖像》《斐德南·居耶马赫德肖像》《穿衣的玛哈》《裸体的玛哈》及《伊萨贝尔·柯包斯·德·波赛尔肖像》等。1824 年，戈雅侨居法国波尔多，直到 1828 年逝世。

戈雅乃近代欧洲绘画史上伟大之先驱者，其鲜明“现实主义”画风并“浪漫主义”激情，深刻影响了后来人；或说 19 世纪浪漫主义及现实主义推崇者，皆从戈雅之绘画中获过启发。

《穿衣的玛哈》与《裸体的玛哈》同为名作，亦是戈雅代表作之一；“玛哈”乃当时西班牙社交场上对名媛淑女之通称。戈雅所画的“玛哈”是谁，众说不一，至今仍无定论。

六、安格尔

安格尔乃法国古典主义画派最后一位代表画家。1780 年生于蒙特庞省，早年曾向杜尔兹学习绘画，17 岁时到了巴黎，师从著名画家达维特，深得赏识。

1806 年，安格尔赴意大利，1824 年方回巴黎；1834—1841 年，其再度赴罗马，深研文艺复兴时期意大利古典大师之作品，就中首推拉斐尔。受老师达维特及意大利古典艺术之启发，安格尔对古法典绘画理解更为精确。此后，当其师流亡比利时，便成为法国“新古典主义”之代表人物。

虽为 19 世纪“新古典主义”之楷模，安格尔并非照搬古贤之样式，乃取融会贯通、取长补短之手法，将古典艺术造型美之精髓加以吸收、融化，并用自然之风格融入写实中，故而形成其洗练、单纯之画风：其多以“静穆伟大、崇高单纯”为创作原则，故而其作品多能达到构图严谨、色彩单纯、造型典雅之特点，尤其于人体美之作品中表现突出，如《泉》《大宫女》《瓦平松的浴女》(或名《浴女》)《土耳其浴室》等。

安格尔绘画必强调骨骼，而肌肉次之，其认为肌肉画得过于精确易使造型失真，乃到庸俗，此为美学中重要之理论。安格尔崇尚自然，创作中往往不事雕琢，欲将自然形象与古典造型完美结合，又无造作与刻意，且经精练之笔法表达，故无神秘之虚构或信仰之成分，乃纯粹之艺术创作。

或许，画家想寄眷恋于青春形象，或向往隽永与安宁，其笔下之裸体，无纤毫之浮夸与做作，摒弃一切非自然之流露，故而创造之美感人至深，必将流传亦久。

《泉》是其盛名之作，代表安格尔的艺术顶峰。而此画创作颇为不易，此画是其 1820 年在意大利创作，而到 1856 年在巴黎方完稿，前后历时三十六年，不可谓不难得也！

此画原名《维纳斯》，后经数十年之漂泊，修改多次；又将秀发修改为倒倾之水瓶，使之成为具有“古典主义”象征之名作。

七、德拉克洛瓦

德拉克洛瓦乃法国浪漫主义代表人物。其艺术继承了文艺复兴以来，威尼斯画派、伦勃朗、鲁本斯和康斯太勃尔等大师之成就，对后世画家颇具影响。

德拉克洛瓦 17 岁拜格朗为师学习绘画，后入美术学院。1822 年，受籍里柯《梅杜萨之筏》之启发，创作了著名画作——《但丁之舟》。于 1816 至 1823 年间，师从“新古典主义”画家皮埃尔桂安恩。其作品颇具鲁本斯之风格。

1824 年，以巨作《希阿岛的屠杀》令人瞩目，从而成为“浪漫主义”画坛之主将，与以安格尔为首之古典主义画派相抗衡。后陆续创作出《萨尔纳塔帕尔之死》《十字军进入耶路撒冷》《马利诺·法利罗的死刑》等“浪漫主义”巨作，其画惊人心魄，颇具震撼力。

此人善用色彩，其造型之精巧可与提香或鲁本斯相媲美，作品极富浪漫气息和表现力；《自由引导人民》即是作者为实现共和、争取民主以及自由而创作，体现出革命意识及精神，又不失浪漫氛围。

八、米勒

米勒乃法国杰出画家，“巴比仲画派”之代表。其一生多半定居乡村，作品多为农民勤劳朴实之生活写照，其画作《拾穗》《晚钟》《播种》，素有“农村三部曲”之称；除此之外代表作尚有《扶锄的农夫》《樵夫之死》《喂食》《母与子》等。其所绘之人物皆不强调面部表情，或描述特定之景象，而以典型之姿态表现出其对农民深厚的感情，及对大自然的热爱与赞美。其素描用笔似断似续，线条浑厚而淳朴，亦不乏抒情之内涵，善于表达艺术语言，而作品以亲切、感人为特点；因贫困之故，其作多为小幅油画或素描作品。

西洋音乐杂谈

西洋乐器

西洋乐器之分类有种种之方法，兹依最普通之分类法，分为弦乐器、管乐器、击乐器及金制乐器四种。

一、弦乐器

分为二种，一为用弓之弦乐器，一为弹拨之弦乐器。兹分述之如下：

（一）用弓弦乐器

小四弦提琴于弦乐器中属于最高音部。其音色幽艳明畅，富于表情，强弱自由，能现音度之微细，为合奏之乐器，又可独奏，常占乐器之王位。其起源言人人殊，然由亚东传来，殆无疑义。然古时之制粗略不适用。至 17 世纪之末叶，制法始完备如今日之形状。小四弦提琴其调弦之法，若四弦合之，音域可达于三个八音半。其奏法以马尾张弓，摩擦弦上。

中四弦提琴较小四弦提琴之形稍大，其制法无稍异；但其音各低五度。四弦合奏时常属于中音部。音色稍有幽郁沉痛之感。独奏时有一种男性的热情。

大四弦提琴其形与前同，但甚大，奏时当正坐，以两腿挟其下体。四弦合奏时属于低音部，独奏时亦有特别之趣味。

最大四弦提琴其形较前犹大，高过人顶。合奏时属于最低音部，奏时须直立，形状太大，故其技巧不如前三者，不能独奏。

以上四种乐器，为弦乐中之主要，其音域至广。

（二）弹拨弦乐器

竖琴，普通者有四十六弦，由踏板可以变易调子。管弦合奏时，用圆底提琴，腹面为扁平之半球形，有四弦，调弦法与小四弦提琴同。

六弦提琴形较小四弦提琴稍肥，有六弦。

长提琴腹圆颈长，形较前者稍大，有四弦。以上三种乐器，管弦合奏时，不加入。

二、管乐器

管乐器分木制管乐器及金制管乐器两种。木制者其音色有柔婉温雅之特色，金制者有豪宕流畅之表情，用时虽不如弦乐能传写乐曲之精微，然其音色丰富洪大，为其特色。兹分述如下：

（一）木制管乐器

横笛于管弦合奏时，常与小四弦提琴共占最高音部之位置。又横笛中又有小横笛一种，其音更高。横笛之音量不大，然清澄明快，于管乐中罕见其匹。

竖笛与横笛同属于最高音部。又在同类之中，竖笛属于中音部。次中竖笛属于次中音部。大竖笛属于低音部，皆有口簧，依其振动发音。其音色皆带忧郁之气，有引人之魔力。

单簧竖笛与竖笛相似，但口簧仅有一个；又口形之构造亦稍异。此种乐器，可依调之如何而更变。其乐器共有 A 调 B 调 C 调三种，表情丰富，强弱自由，又有低音单簧竖笛，其音较低。

（二）金制管乐器

高音部喇叭，其音勇壮活泼，但易流于粗野。小高音部喇叭与前者相似，其音色稍柔。细管喇叭有中音、次中音、低音三种，音色壮大豪宕，能奏强音，为管乐中第一。

猎角式喇叭又名，为管乐器中最富于表情者。音色有优美可怜之至。

新式喇叭为近世改良者，有最高音、高音、中音、次中音、低音、最低音六种。

然管弦合奏时，用者甚稀。至近时用者仅有低音一种。

乐圣贝多芬传

贝多芬，德国人，1770 年 12 月 6 日生于莱茵河上流巴府。幼颖悟，年十三，任巴府乐职，旋去职，专事著述。1792 年，距莫扎特死仅逾稔。比来多恼，自是终身不他往。

贝多芬性深沉，寡言笑，居恒郁郁，不喜与俗人接，视莫氏滑稽之趣（莫扎特性活泼，喜诙谐），殆不相捋。然天性诚笃，思想精邃。每有著作，辄审订数四兢兢，以贻误是懔。旧著之书，时加厘纂脱，有错误必力诋之。其不掩己短，有如此。终身不娶。中年病聋，迄 1780 年，聋益剧，耳不能审音律。晚岁养女侄于家，有丑行，以是抑郁愈甚，劳以致疾，忧能伤人。1827 年，死于多恼，春秋五十有六。

贝多芬生时性不喜创作。刊行之稿，泰半规模前哲。稍事损益，然心力真挚、结构完美，人以是喜之。贝多芬之著述，与时代比例之如下：

第一期：迄千八百年，著述自一至二十。

第二期：迄千八百十五年，著述自二十一至百。

第三期：所谓“末叶之贝多芬”，著述自百一至百三十五。著述中首推洋琴曲，“朔拿大”及换手曲，殆称绝技。又“西麻福尼”曲，凡九阕，为世传诵。其他合奏曲司伴乐及室内乐尤火，不缕举。

昨非录——如何学唱歌

此余忏悔作也。吾国乐界方黑暗，与余同病者，当犹有人。拉杂录入，愿商榷焉。

宁可生，不可滑。生可以练，滑最难医。

初学唱歌者，以琴和之，殆发音既准，则琴可用可不用也。

唱歌发音宜平，忌倾斜。

我国近出唱歌集，皆不注意强弱缓急等记号。而教员复因陋就简，“信口开河”，致使原曲所有之精神趣味皆失。

风琴踏板与增声器，皆与强弱有关系，最宜注意。

十年前日本之唱歌集，或有用 1、2、3、4 之简谱者。今则自幼稚园唱歌起皆用五线音谱。吾国近出之唱歌集与各学校音乐教授，大半用简谱，似未合宜。学唱歌者，音阶半通即高唱“男儿第一志气高”之歌。学风琴者，手法未谙即手挥“5566553”之曲。此为吾乐界最恶劣之事。余昔年初学音乐即受此病。且余所见同人中不受此病者殆鲜。按唱歌者，当先练习音阶与音程。学琴者，当先学练习之教课本（初学风琴者，大半用风琴教课本），此乐界之通例，必不可外者也。（今日本音乐学校唱歌科，以唱曲为主，一年之中，所唱之歌不过数首。）

弹琴手势亦最要，风琴教课本有图，甚明了，愿留意焉。

吾国学琴者，大半皆娱乐的思想，无音乐的思想，此固无可讳言者也。故每日练习无定时，或偶一为之，聊以解闷，如是者，实居多数。吾闻美国人学琴者，每周仅到学校授课一时间，其余皆在家练习，每日至十时间之久，吾国人闻之，当有若何之感触?

去年，余从友人之请，编《国学唱歌集》。迄今思之，实为第一疚心之事，前已函嘱友人，毋再发售，并毁版以谢吾过。

近世欧洲文学之概观[①]

中世古典派文学瑰伟卓绝，磅礴大气，及 18 世纪初期，其势力犹不少衰。操觚簪笔家佥据是为典则。其后承法兰西革命影响，而烈热真挚之诗风，乃发展为文艺界一大新思潮，即传奇派是。迨至 19 世纪，基于自己之进步，现实观之发达，乃更尚精致之描写，及确实之诗材，而写实主义与自然主义遂现于 19 世纪后半期。及夫末叶，反动力之新理想派，乃萌芽于欧洲。

下面简述一下英吉利[②]文学：

当 18 世纪之末叶，冷索单调之诗文，浸即衰废。研究占诗民谣者日益众，故其文学富于清新之趣。至 1798 年威廉·华兹华斯与柯勒律治合著之《抒情诗集》（“*Lyrical Bollades*”）乃现于世。两氏唱诗文之革新，为真挚文学之先驱，世称为近世诗学之祖，又谓 1798 年为英吉利文学诞生之年。威廉·华兹华斯之作品不炫奇异，然清新高远、热情奔放为其特长。柯勒律治学问深邃，思想幽渺，且具锐利之批评眼，其作品以格调之真挚，押韵之自由为世所叹赏，门人友戚受彼之感化者甚众。

---

①本文原有多个部分，1913 年春写于杭州浙江一师，曾刊于该校校刊《白阳》，因《白阳》只出了创刊号一期，所以仅刊出第一章《英吉利文学》，其余已经散失。

②英国中世纪时期国家和民族的统称。

其后沃尔特·司各特与乔治·戈登·拜伦两大家出。司各特为戏曲天才，其文雄健，其诗丰丽，历史小说之祖。拜伦之诗，久传诵于世界大陆，近世文学颇受其感化。拜伦贫困又苦于家室之累，因于 1824 年去故国，投希腊独立军，遂死其地。

珀西·比希·雪莱亦因教权之压抑，避居南欧，为薄命理想之诗人。其作品幽婉高妙，且示神秘之倾向。

承大革命影响之诗风，止于雪莱。其时又有以卓绝之才识开辟一新诗风者，即约翰·济慈。他所著之诗，凡古典之精神及绚烂之色彩，两者兼备。故外形内容皆纯洁完美，无毫发憾。

阿尔弗雷德·丁尼生，世称为 19 世纪集大成之诗家。其名著《公主》（“*the Princess*”）与《悼念》（“*In Memoriam*”）和《国王的叙事诗》（“*Idylls of the King*”）为世所传诵。

罗伯特·勃朗宁与丁尼生齐名，以笔力之怪郁，涉想之高峻称于世。

此外但丁·加百利·罗塞蒂及威廉·莫里斯共于绘画界受前拉斐尔派之感化。其抒情诗篇，写中古之趣味及敬虔之信念。

阿尔加侬·查尔斯·斯温伯恩，亦属此派，学问深邃，以诗歌之形式美，卓绝于现代之文坛。

本世纪之小说界，司各特颇负盛名，至维多利亚时代，查尔斯·狄更斯及威廉·梅克比斯·萨克雷两大家出，前者善描写市街之光景及下民之状态；后者善以轻妙之语调描写上流绅士社会之表里，共于小说界放一异彩。

乔治·艾略特及查尔斯·金斯利亦以思想之高远与语调之雄浑名于时。至最近史蒂文森以劲健洒脱之文体，作美文小说。梅瑞狄斯以高远之思想，精微之观察，雄飞于现代文坛。其他查尔斯·兰姆和托马斯·德·昆西，共以独特之散文、随笔负盛名。

至本世纪之中叶，英吉利批评大家有卡莱尔及托马斯·巴宾顿·麦考莱，其后拉斯金、阿诺德、佩特、西蒙斯等相继兴起，为评论界放灿烂之光彩。

卡莱尔思想雄浑，笔力遒劲，著有《英雄崇拜论》（“*Hemworship*”）传诵一时。彼始于文艺批评，其后渐进于社会批评、文明批评之方面。

麦考莱，其前半生为政界之伟人，作印度帝国之基础；后半生为批评家，执评坛之牛耳。其大作《英吉利史》为不朽之名著。

拉斯金世称为 19 世纪之预言家，于英吉利为美术评论之先辈。其代表之大作为《近世画家论》(“*Modern Painters*”)，力持自然主义，为美术界所惊叹。

阿诺德，思想雄大高峻，且富于雅趣，实在拉斯金之上。1865 年出版之《批评论集》(“*Essays in Criticism*”) 为其代表之作。

以上所述之拉斯金及阿诺德二氏，为 19 世纪中叶以后批评坛之代表。

佩特，精于修辞，其文体足冠近代。著有《文艺复兴史之研究》(“*Studies in the History of Renaissance*”)，关于文学美术研究精审，颇多创解。

西蒙斯与佩特同精于文艺复兴期之研究，著有《意大利文艺复兴论》(“*the Renaissance in Italy*”)。西蒙斯于评论文学美术外，兼及于政治宗教之方面。

19 世纪剧坛名家，以亚瑟·温·皮尼罗、欧·亨利、亚瑟·约翰，乔治·萧伯纳最负盛名。

第四章

诗文精粹，感怀悲欣交集

李叔同是我们时代里最有才华的几位天才之一，也是最奇特的一个人，最遗世而独立的一个人。

——林语堂

二十文章惊海内，一朝芳草碧连天。李叔同的诗词是近代中国文学史不可或缺的一笔。年少时，便不负上海滩公认的“才子”之名，诗词作品结集出版为《李庐诗钟》，“二十文章惊海内”的自评丝毫不虚。

李叔同的诗文承载了他一生的经历和感悟，从不同时期的作品可以看出，他所追求的人生境界和对社会的责任感，临终绝笔“悲欣交集”，便是他一生的写照。曾经，他是豪门望族的翩翩贵公子，那些风花雪月的诗文充满绵绵情意。转眼，家国狼烟四起，他是有情有义的情郎，更是心怀天下的热血男儿，无论身在津门还是东渡日本，他的诗篇都充满爱国志士的悲怆，而那些感怀殇别的作品更催人泪下。《金缕曲》《哀祖国》《送别》等作品脍炙人口。

出家后，李叔同的诗文更加充满哲思，虽然淡然了许多，却仍以倡导爱国为善念。著名美学家朱光潜评价出家后的李叔同时说，他“以出世的精神做着人世的事业”。弘一法师以“宗教救国”，延伸着曾经在俗世中“教育救国”的理想。正因如此，许多当世的文化名人都非常仰慕他，与他结为“方外之友”。

本章精选李叔同出家前后的古诗、古词，以及现代歌词，并涉猎由他为文、丰子恺作画的《护生画集》，他的诗作有助于我们了解他一生的心路历程。

诗词

咏山茶花

瑟瑟寒风剪剪催，几枝花放水云隈。
淡妆写出无双品，芳信传来第二回。
春色鲜鲜胜似锦，粉痕艳艳瘦于梅。
本来桃李羞同调，故向百花头上开。

咏菊

姹紫嫣红不耐霜，繁华一霎过韶光。
生来未藉东风力，老去能添晚节香。
风里柔条频损绿，花中正色自含黄。
莫言冷淡无知己，曾有渊明为举觞。

赞红菊花

亭亭菊一枝，
高标矗劲节。
云何色殷红？
殉教应流血。

菩萨蛮·忆杨翠喜

（其一）

燕支山上花如雪，燕支山下人如月。额发翠云铺，眉弯淡欲无。
夕阳微雨后，叶底秋痕瘦。生小怕言愁，言愁不耐羞。

（其二）

晓风无力垂杨懒，情长忘却游丝短。酒醒月痕低，江南杜宇啼。
痴魂销一捻，愿化穿花蝶。帘外隔花荫，朝朝香梦沉。

为老妓高翠娥作

残山剩水可怜宵，
慢把琴樽慰寂寥。
顿老琵琶妥娘曲，
红楼暮雨梦南朝。

婚姻祝词

《诗》三百，《关雎》第一，伦理重婚姻。夫妇制定家族成，进化首人群。
天演界，雌雄淘汰，权力要平分。遮莫说男尊女卑，同是一般国民。

为沪学会撰《文野婚姻新戏册》

既竟，系之以诗。

床笫之私健者耻，为气任侠有奇女。
鼠子胆裂国魂号，断头台上血花紫。
东邻有儿背佝偻，西邻有女犹含羞。
蟪蛄宁识春与秋，金莲鞋子玉搔头。
河南河北间桃李，点点落红已盈咫。
自由花开八千春，是真自由能不死。
誓度众生成佛果，为现歌台说法身。
孟旃不作吾道绝，中原滚地皆胡尘。

清平乐·赠许幻园

城南小住，情适《闲居赋》。文采风流合倾慕，闭户著书自足。
阳春常驻山家，金樽酒进胡麻，篱畔菊花未老，岭头又放梅花。

戏赠蔡小香四绝

眉间愁语烛边情，素手掺掺一握盈。
艳福者般真羡煞，佳人个个唤先生。
云髻蓬松粉薄施，看来西子捧心时。
自从一病恹恹后，瘦了春山几道眉。
轻减腰围比柳姿，刘桢平视故迟迟。
佯羞半吐丁香舌，一段浓芳是口脂。
愿将天上长生乐，医尽人间短命花。
自是中郎精妙术，大名传遍沪江涯。

南浦月

将北行矣，留别海上同人。
杨柳无情，丝丝化作愁千缕。惺忪如许，萦起心头绪。
谁道销魂，尽是无凭据。离亭外，一帆风雨，只有人归去。

金缕曲

将之日本，留别祖国，并呈同学诸子。

披发佯狂走。莽中原、暮鸦啼彻，几株衰柳。破碎河山谁收拾？零落西风依旧。便惹得、离人消瘦。行矣临流重太息，说相思、刻骨双红豆。愁黯黯，浓于酒。

漾情不断淞波溜。恨年来、絮飘萍泊，遮难回首。二十文章惊海内，毕竟空谈何有？听匣底、苍龙狂吼。长夜凄风眠不得，度群生、那惜心肝剖。是祖国，忍辜负！

满江红・民国肇造志感

皎皎昆苍，山顶月、有人长啸。看囊底、宝刀如雪，恩仇多少。双手裂开鼷鼠胆，寸金铸出民权脑。算此生、不负是男儿，头颅好。

荆轲墓，咸阳道。聂政死，尸骸暴。尽大江东去，余情还绕。魂魄化成精卫鸟，血花溅作红心草。看从今、一担好山河，英雄造。

遇风愁不成寐

到津次夜，大风怒吼，金铁皆鸣，愁不成寐。

世界鱼龙混，天心何不平？
岂因时事感，偏作怒号声。
烛尽难寻梦，春寒况五更。
马嘶残月堕，笳鼓万军营。

感时

杜宇啼残故国愁，
虚名况感望千秋。
男儿若论收场好，
不是将军也断头。

示津中同人

千秋功罪公评在，
我本红羊劫外身。
自分聪明原有限，
羞从事后论旁人。

登轮感赋

感慨沧桑变，天边极目时。
晚帆轻似箭，落日大如箕。
风卷旌旗走，野平车马驰。
河山悲故国，不禁泪双垂。

二月望日歌筵赋此叠韵

莽莽风尘窣地遮，乱头粗服走天涯。
樽前丝竹销魂曲，眼底欢嬉薄命花。
浊世半生人渐老，中原一发日西斜。
只今多少兴亡感，不独隋堤有暮鸦。

喝火令·故国今谁主

故国今谁主？胡天月已西。朝朝暮暮笑眯眯，记否天津桥上杜鹃啼？记否杜鹃声里几色顺民旗？

喝火令·哀国民之心死也

故国鸣鹎鹆，垂杨有落花暮鸦。江山如画日西斜。新月撩人，窥入碧窗纱。陌上青青草，楼头艳艳花。洛阳儿女学琵琶。不管冬青一树属谁家，不管冬青树底影事一些些。

哀祖国

小雅尽废兮，出车采薇矣。豺狼当途兮，人类其非矣。凤鸟兮，河图兮，梦想为劳矣。冉冉老将至兮，甚矣吾衰矣。

爱

爱河万年终不涸，来无源头去无谷。
滔滔圣贤与英雄，天地毁时无终穷。
愿我爱国家，愿国家爱我；
愿国家爱我，灵魂不死者我。

男儿

男儿自有千古，莫等闲觑。
孔、佛、耶、回精谊，道毋陂岐。
发大愿作教皇，我当炉冶群贤。
功被星球十方，赞无数年。

东京十大名士追荐会即席赋诗

苍茫独立欲无言，落日昏昏虎狼蹲。
剩却穷途两行泪，且来瀛海吊诗魂。
故国荒凉剧可哀，千年旧学半尘埃。
沉沉风雨鸡鸣夜，可有男儿奋袂来！

昨夜

昨夜星辰人倚楼，
中原咫尺山河浮。
沉沉万绿寂不语，
梨叶一枝红小秋。

春风

春风几日落红堆，明镜明朝白发摧。
一颗头颅一杯酒，南山猿鹤北山莱。
秋娘颜色娇欲语，《小雅》文章凄以哀。
昨夜梦游王母国，夕阳如血染楼台。

断句

人生犹似西山日，
富贵终如草上霜。

和宋贞题城南草堂原韵

门外风花各自春，
空中楼阁画中身。
而今得结烟霞侣，
休管人生幻与真。

老少年曲·梧桐树

梧桐树，西风黄叶飘，
日夕疏林杪。
花事匆匆，零落凭谁吊?
朱颜镜里凋，白发愁边绕。
一霎光阴，底是催人老。
有千金，
也难买韶华好。

夜泊塘沽

杜宇声声归去好，天涯何处无芳草。
春来春去奈愁何，流光一霎催人老。
新鬼故鬼鸣喧哗，野火磷磷树影遮。
月似解人离别苦，清光减作一钩斜。

津门清明

一杯浊酒过清明，
肠断樽前百感生。
辜负江南好风景，
杏花时节在边城。

醉花阴·闺怨

落尽杨花红板路，无计留春住。独立玉阑干，欲诉离愁，生怕笼婴武。
楼头又见夕阳暮，怎奈归期误。相忆梦难成，芳草天涯，极目人何处？

冬夜客感

纸窗吹破夜来风，骨砭寒添漏未终。
云掩月殒光惨目，帘飘烛影焰摇红。
无心难定去留日，有泪常抛梦寐中。
烦恼自寻休自怨，待将情事诉归鸿。

前尘

七月七夕在谢秋云妆阁重有感，诗以谢之。

风风雨雨忆前尘，悔煞欢场色相因。
十日黄花愁见影，一弯眉月懒窥人。
冰蚕丝尽心先死，故国天寒梦不春。
眼界大千皆泪海，为谁惆怅为谁颦？

赠语心楼主人

天末斜阳淡不红，虾蟆陵下几秋风。
将军已死圆圆老，都在书生倦眼中。
道左朱门谁痛哭？庭前柯木已成围。
只今憔悴江南日，不似当年金缕衣。

化身

化身恒河沙数，发大音声。
尔时千佛出世，瑞霭氤氲。
欢喜、欢喜人天，梦醒兮不知年。
翻倒四大海水，众生皆仙。

人病

人病墨池干，南风六月寒。
肺枯红叶落，身瘦白衣宽。
入世儿侪笑，当门景色阑。
昨宵梦王母，猛忆少年欢。

玉连环影

为夏丏尊题《小梅花屋图》。

屋老，一树梅花小。
住个诗人，添个新诗料。
爱清闲，爱天然；
城外西湖，湖上有青山。

题陈师曾荷花小幅

一花一叶，
孤芳致洁。
昏波不染，
成就慧业。

众生[①]

是亦众生，与我体同；
应起悲心，怜彼昏蒙。
普劝世人，放生戒杀；
不食其肉，乃谓爱物。

生的扶持

一蟹失足，
二蟹持扶。
物知慈悲，
人何不如！

①此篇及以后均选自《护生画集》。

今日与明朝

日暖春风和，策杖游郊园。
双鸭泛清波，群鱼戏碧川。
为念世途险，欢乐何足言。
明朝落网罟，系颈陈市廛。
思彼刀砧苦，不觉悲泪潸。

母之羽

雏儿依残羽，殷殷恋慈母。
母亡儿不知，犹复相环守。
念此亲爱情，能勿凄心否?

亲与子

今日尔吃他，
将来他吃尔。
循环做主人，
同是亲与子。

仁兽

麟为仁兽，灵秀所钟。
不践生草，不履生虫。
系吾人类，应知其义。
举足下足，常须留意。
既勿故杀，亦勿误伤。
长我慈心，存我天良。

儿戏

教训子女，宜在幼时，
先入为主，终身不移。
长养慈心，勿伤物命，
充此一念，可为仁圣。

沉溺

莫谓虫命微，沉溺而不援；
应知恻隐心，是为仁之端。

暗杀

若谓青蝇污，挥扇可驱除；
岂必矜残杀，伤生而自娱。

诀别之音

落花辞枝，夕阳欲沉；
裂帛一声，凄入秋心。
生离欤？死别欤？
生离尝恻恻，临行复回首，
此去不再还，念儿儿知否？

示众

景象太凄惨，伤心不忍睹；
夫复有何言，掩卷泪如雨。

喜庆的代价，喜气溢门楣，
如何惨杀戮？唯欲家人欢，
哪管畜生哭。

投宿

夕阳落江渚，
炊烟起村墅。
小鸟亦归家，
殷殷恋旧主。

诱杀

水边垂钓，闲情逸致；
是以物命，而为儿戏。
刺骨穿肠，于心何忍?
愿发仁慈，常起悲愍。

蚕的刑具

残杀百千命，
完成一袭衣。
唯知求适体，
岂毋伤仁慈!

忏悔

人非圣贤，其孰无过？
犹如素衣，偶着尘流。
改过自新，若衣拭尘。
一念慈心，天下归仁。

我的腿

我的腿，善行走，
将来不免入汝手，
盐渍油烹佐春酒。
我欲乞哀怜，
不能作人言。
愿汝体恤猪命苦，
毋再杀戮与熬煎！

歌 词

我的国

东海东，波涛万丈红。
朝日丽天，云霞齐捧，
五洲唯我中央中。
二十世纪谁称雄?
请看赫赫神明种。
我的国，我的国，
我的国万岁，万岁，万万岁!
崑杳峰，缥缈千寻耸。
明月天心，众星环拱，
五洲唯我中央中。
二十世纪谁称雄?
请看赫赫神明种。
我的国，我的国，
我的国万岁，万岁，万万岁!

大中华

万岁，万岁，万岁！

赤县膏腴神明裔。

地大物博，相生相养，

建国五千余岁。

振衣昆苍之巅，

濯足扶桑之澨。

山川秀所钟，

人物光荣永垂。

伟欤哉，猗欤哉！

仁风翔九畿！

猗欤哉，伟欤哉！

威灵振四夷！

万岁，万万岁，万万岁！

送别

长亭外，古道边，
芳草碧连天。
晚风拂柳笛声残，
夕阳山外山；
天之涯，地之角，
知交半零落。
一斛浊酒尽余欢，
今宵别梦寒。

春游

春风吹面薄于纱，春人装束淡于画。
游春人在画中行，万花飞舞春人下。
梨花淡白菜花黄，柳花委地芥花香。
莺啼陌上人归去，花外疏钟送夕阳。

忆儿时

春去秋来，岁月如流，
游子伤漂泊。
回忆儿时，家居嬉戏，
光景宛如昨。
茅屋三椽，老梅一树，
树底迷藏捉。
高枝啼鸟，小川游鱼，
曾把闲情托。
儿时欢乐，
斯乐不可作。
儿时欢乐，
斯乐不可作。

早秋

十里明湖一叶舟，
城南烟月水西楼。
几许秋容娇欲流，
隔着垂杨柳。
远山明净眉尖瘦，
闲云飘忽罗纹皱。
天末凉风送早秋，
秋花点点头。

悲秋

西风乍起黄叶飘，日夕疏林杪。
花事匆匆，梦影迢迢，
零落凭谁吊?
镜里朱颜，愁边白发，
光阴暗催人老。
纵有千金，纵有千金，
千金难买年少。

月夜

纤云四卷银河静，
梧叶萧疏摇月影。
剪径凉风阵阵紧，
暮鸦栖止未定，
万里空明人意静。
呀，是何处，
敲彻玉磬？
一声声，
清越度幽岭。
呀，是何处，
声相酬应？
是孤雁、寒砧并。
想此时此际，
幽人应独醒，
倚栏风冷。

秋夜（之一）

日落秋山，一片罗云隐去。
万种情怀，安排何处？
却妆出嫦娥，玉宇琼楼缓步。
天高气清，满庭风露。
问耿耿银河，有谁人引渡？
四壁凉蛩，如来相语。
尽遣了闲愁，聊共月华小住。
如此良宵，人生难遇。

寒蝉吟罢，蓦然萤火飞流。
夜凉如水，月挂帘钩。
爱星河皎洁，今宵雨敛云收。
虫吟侑酒，扫尽闲愁。
听一声长笛，有谁人倚楼？
天涯万里，情思悠悠。
好安排枕簟，独寻睡乡优游。
金风飒飒，底事悲秋？

梦

哀游子茕茕其无依兮，在天之涯。
惟长夜漫漫而独寐兮，时恍惚以魂驰。
梦偃卧摇篮以啼哭兮，似婴儿时。
母食我甘酪与粉饵兮，父衣我以彩衣。
月落乌啼，梦影依稀，
往事知不知?
汩半生哀乐之长逝兮，感亲之恩其永垂。
哀游子怆怆而自怜兮，吊形影悲。
惟长夜漫漫而独寐兮，时恍惚以魂驰。
梦挥泪出门辞父母兮，叹生别离。
父语我眠食宜珍重兮，母语我以早归。
月落乌啼，梦影依稀，
往事知不知?
汩半生哀乐之长逝兮，感亲之恩其永垂。

长逝

看今朝树色青青，
奈明朝落叶飘零。
看今朝花开灼灼，
奈明朝落红漂泊。
惟春与秋其代序兮，
感岁月之不居。
老冉冉以将至，
伤青春其长逝。

采莲

采莲复采莲，
莲花莲叶何蹁跹！
露华如珠月如水，
十五十六清光圆。
采莲复采莲，
莲花莲叶何蹁跹！

西湖

看明湖一碧，六桥锁烟水。
塔影参差，有画船自来去。
垂杨柳两行，绿染长堤。
扬晴风，又笛韵悠扬起。

看青山四围，高峰南北齐。
山色自空蒙，有竹木媚幽姿。
探古洞烟霞，翠扑须眉。
霅暮雨，又钟声林外启。

大好湖山如此，独擅天然美。
明湖碧无际，又青山绿作堆。
漾晴光潋滟，带雨色幽奇。
靓妆比西子，尽浓淡总相宜。

归燕

几日东风过寒食，
秋来花事已阑珊。
疏林寂寂双燕飞，
低回软语语呢喃。
呢喃，呢喃，
呢喃，呢喃。
雕梁春去梦如烟，
绿芜庭院罢歌弦。
乌衣门巷捐秋扇，
树杪斜阳淡欲眠。
天涯芳草离亭晚，
不如归去归故山，
故山隐约苍漫漫。
呢喃，呢喃，
呢喃，呢喃。
不如归去归故山。

幽人

深山之麓，
三椽老茅屋，
中有幽人抱贞独。
当风且振衣，
临流可濯足。
放高歌震空谷：
呜，呜，呜，
呜，呜，呜！
浊世泥途污，
浊世泥途污。
道孤，道孤，
行殊，行殊。
吾与天为徒，
吾与天为徒。

落花

纷纷，纷纷，纷纷，纷纷；
纷纷，纷纷，纷纷，纷纷。
惟落花委地无言兮，化作泥尘。
寂寂，寂寂，寂寂，寂寂；
寂寂，寂寂，寂寂，寂寂。
何春光长逝不归兮，永绝消息。
忆东风之日暝，芳菲菲以争妍。
既乘荣以发秀，倏节易而时迁。
春残！
览落红之辞枝兮，伤花事其阑珊。
已矣！
春秋其代序以递嬗兮，俯念迟暮。
荣枯不须臾，盛衰有常数。
人生之浮年若朝霞兮，泉壤兴衰。
朱华易清歇，青春不再来。

月

仰碧空明明，朗月悬太清。
瞰下界扰扰，尘欲迷中道！
惟愿灵光普万方，
荡涤垢滓扬芬芳。
虚渺无极，圣洁神秘，
灵光常仰望！
仰碧空明明，朗月悬太清。
瞰下界暗暗，世路多愁叹！
惟愿灵光普万方，
披除痛苦散清凉。
虚渺无极，圣洁神秘，
灵光常仰望。

晚钟

大地沉沉落日眠，平墟漠漠晚烟残。
幽鸟不鸣暮色起，万籁俱寂丛林寒。
浩荡飘风起天杪，摇曳钟声出尘表。
绵绵灵响彻心弦，呦呦幽思凝冥杳。
众生病苦谁扶持？尘网颠倒泥途污。
惟神悯恤敷大德，拯吾罪过成正觉。
誓心稽首永皈依，瞑瞑入定陈虔祈。
倏忽光明烛太虚，云端仿佛天门破。
庄严七宝迷氤氲，瑶华翠羽垂缤纷。
浴灵光兮朝圣真，拜手承神恩！
仰天衢兮瞻慈云，若现忽若隐隐。
钟声沉暮天，神恩永存在。
神之恩，大无外。

清凉歌

清凉月，月到天心，
光明殊皎洁。
今唱清凉歌，
心地光明一笑呵。
清凉风，凉风解愠，
暑气已无踪。
今唱清凉歌，
热恼消除万物和。
清凉水，清水一渠，
涤荡诸污秽。
今唱清凉歌，
身心无垢乐如何。
清凉，清凉，
无上究竟真常。

山色

近观山色苍然青，
其色如蓝。
远观山色郁然翠，
如蓝成靛。
山色非变，山色如故，
目力有长短。
自近渐远，易青为翠；
自远渐近，易翠为青。
时常更换，是由缘会。
幻相现前，非唯翠幻，
而青亦幻。
是幻，
万法皆然。

厦门第一届运动会歌

禾山苍苍，鹭水荡荡，
国旗遍飘扬。
健儿身手，各献所长，
大家图自强。
你看那，外来敌，
多么狼猖！
请大家想想，请大家想想，
切莫再彷徨！
请大家，
在领袖领导之下，把国事担当。
到那时，
饮黄龙，为民族争光！
到那时，
饮黄龙，为民族争光！

附录 弘一法师生平大事记

1880 年 清光绪六年（庚辰）出生

10 月 23 日（农历九月二十日）辰时，生于天津河东区地藏前故居李宅，取名文涛，行列第三，为庶出。

1884 年 清光绪十年（甲申）5 岁

父亲李世珍病逝。

1886 年 清光绪十二年（丙戌）7 岁

次兄文熙为其开蒙。（长兄早亡。）

1892 年 清光绪十八年（壬辰）13 岁

专心学习各朝书法，以魏书为主，小小年纪以善书闻名乡里。

1897 年 清光绪二十三年（丁酉）18 岁

娶天津茶商俞氏之女。同年，以童生资格应试天津县学。

1898 年 清光绪二十四年（戊戌）19 岁

戊戌政变失败后，李叔同刻“南海康梁是吾师”长印表示支持变法。全家南下上海，住法租界，他加入上海“城南文社”，开始文学活动，以《拟宋玉小言赋》，名列文社月会第一。

1899 年 清光绪二十五年（己亥）20 岁

全家移居许幻园家的“城南草堂”，同时在诗、词、金石、书、画、戏剧等方面钻研，在上海艺坛初露锋芒。后有“二十文章惊海内”的自述。李叔同与袁希濂、许幻园、蔡小香、张小楼结金兰之谊，号称“天涯五友”。

1900 年 清光绪二十六年（庚子）21 岁

与友人一起创办“上海书画公会”。同年，长子李准出生。

1901 年 清光绪二十七年（辛丑）22 岁

入蔡元培主持之“南洋公学”经济特科就读，改名李广平。与黄炎培、邵力子、谢无量成为同窗。

1904 年 清光绪三十年（甲辰）25 岁

次子李端出生。与上海名妓李苹香、朱惠百、杨翠喜为友，交流诗画、艺事。在上海初次亮相，参加演出京剧《虮蜡庙》《白水滩》《黄天霸》等。

1905 年 清光绪三十一年（乙巳）26 岁

年初与许幻园、黄炎培等创办“沪学会”。出版《国学唱歌集》。同年，生母王太夫人病逝，他哀痛万状，改名李哀，字惜霜。此后决意去日本，临别前写下《金缕曲》。年底，创办《音乐小杂志》。

1906 年 清光绪三十二年（丙午）27 岁

年初，《音乐小杂志》出版，成为中国第一份音乐杂志。以李哀之名参加日本名士组织的“随鸥吟社”，此后与东京诗人联吟赋诗多次。入东京美术学校油画科，同时又于校外从上真行勇学音乐、戏剧。初名李哀，后改名为李岸。冬，与学友曾孝谷一起创办“春柳社”，这是中国第一个话剧团体。

1907 年 清光绪三十三年（丁未）28 岁

因国内徐淮水灾，借东京乐座义演《茶花女》，扮演女主角玛格丽特，这是中国话剧演出实践的第一次尝试。后于本乡座演出《黑奴吁天录》，扮演爱米丽夫人的同时，客串男跛醉客。同年，结识日籍夫人诚子。

1911 年 清宣统三年（辛亥）32 岁

以优异的成绩毕业于东京美术学校，学成归国后，在天津直隶模范工业学堂等校，任西洋画教席。日籍夫人径去上海，赁屋居于上海法租界。同年冬，国内盐业因清廷行政措施变革，作为盐商的李家备受打击，濒临破产。

1912 年 民国元年（壬子）33 岁

冬假正月，由天津至上海，与日籍夫人晤面，后来任教于上海城东女学。

同年 3 月，参加柳亚子主持的南社。不久，在陈英士创办的《太平洋报》担任画报副刊主编，兼管广告，与苏曼殊、柳亚子、陈兀我同事，并组织“文美会”，编《文美杂志》。辛亥革命胜利后，李叔同填词《满江红》。夏，《太平洋报》倒闭，受聘浙江两级师范学校，与夏丏尊、单不厂等同事，主教音乐、西画。此后，与夏丏尊成为莫逆之交，学生有丰子恺、刘质平、吴梦非、李鸿梁、黄寄慈等。

1913 年　民国二年（癸丑）34 岁

浙江两级师范学校改为浙江省立第一师范，李叔同继续任教。暮春，编《白阳》中英文专刊。《春游》三部曲、《欧洲文学之概观》《西洋乐器种类概说》《石膏模型用法》等作品均署名息霜在《白阳》发表。其中，《春游》是中国第一部三声部合唱曲；《欧洲文学之概观》是第一篇由中国人编写的欧洲文学史；《石膏模型用法》是国内最早介绍这种教具的文字。

1915 年　民国四年（乙卯）36 岁

在杭州西泠印社出席南社的雅集，与柳亚子等二十余人相晤。撰《乐石社社友小传》。在教学期间，李叔同创作了很多校园歌曲，《送别》《早秋》《忆儿时》等脍炙人口。此年，结交经学家马一浮。

1916 年　民国五年（丙辰）37 岁

同事夏丏尊偶然在日本杂志上看到有关于断食的文章，于是介绍给李叔同阅读。冬，李叔同在杭州大慈山虎跑寺，试验断食 20 天，写《断食日记》，取号李欣。此时学佛因缘成熟。

1917 年　民国六年（丁巳）38 岁

春假后，在学校开始素食，供佛像，读佛经。

1918 年　民国七年（戊午）39 岁

正月，在虎跑寺皈依了悟上人。农历七月十三日，入虎跑寺正式出家。农历九月至灵隐寺受戒。受戒后，赴嘉兴精严寺小祝年底应马一浮之召至杭州海潮寺打七。离校前，李叔同将一生所积之艺术珍品、金钱、衣物全部分散。金石作品全部埋于西泠印社的印冢中。油画作品赠给当时的北京美术专科学校。

1919 年　民国八年（己未）40 岁

春驻锡玉泉寺，后到虎跑寺结夏，秋挂单灵隐，冬回玉泉寺，与程中和居士共燃臂香。写成《金刚三昧经》《无常经》《大乘戒经》等多种经文。

1922 年　民国十一年（壬戌）43 岁

正月，在城下寮礼寂山方丈为依止师。俗家发妻俞氏夫人，在关中患重痢疾，不久病故，俗家仲兄文熙来信嘱咐其返津，但因故未能成行。仍居庆福寺。

1923 年 民国十二年（癸亥）44 岁

春，在上海与尤惜阴居士合撰《印造佛像之功德》。往太平寺，谒印光大师。夏，为西泠印社书写《阿弥陀经》一卷，后来被刻于石幢上。

1924 年 民国十三年（甲子）45 岁

《比丘戒相表记》定稿，上海穆藕初居士，独自出资印刷一千部。

1926 年 民国十五年（丙寅）47 岁

夏，至江西庐山，参加金光明道场。写成《华严经十回向品初回向章》，堪称近代写经杰作，太虚大师推其为近数十年来僧人写经之冠。

1927 年 民国十六年（丁卯）48 岁

春，闭关于杭州常寂光寺。当时，社会上有灭佛的非议。大师提前出关，召请地方政要集会，又致函蔡元培、经子渊、马夷初、朱少卿诸师友，交流整顿佛教的意见。同年底，丰子恺、裘梦痕将大师的名曲《朝阳》《忆儿时》《送别》《悲秋》等约二十首，选入《中文名歌五十曲》一书，作为国内各级学校的音乐教材。

1928 年 民国十七年（戊辰）49 岁

夏秋交接时，驻锡在上海江湾丰子恺家中，一同创作《护生画集》，丰子恺绘图，大师写偈语。冬，与尤雪行、谢国梁二居士一同前往暹罗，经过厦门时，结识士绅陈敬贤，由陈介绍挂单南普陀寺，这是弘一大师第一次南行至此。

1929 年 民国十八年（己巳）50 岁

自厦门回温州时，途经福州鼓山，发现清初刻本《华严经》及《华严疏论纂要》。大师倡印 25 部，请日本出版家内山完造（中日友好活动家，上海内山书店老板，帮助了很多左翼作家，与鲁迅交情之深）分赠日本各大学等。时夏丏尊、刘质平等为师集资建筑之晚晴山房落成，大师初度驻锡在此。

1930 年 民国十九年（庚午）51 岁

暮秋，听静权法师讲《地藏经》，悉心研究《华严经》，后写成《华严集联三百》。冬底，回永嘉城下寮挂单。

1931 年 民国二十年（辛未）52 岁

正月，在庆福寺关中罹恶性疟疾。夏，亦幻法师发起创办南山律学院，大师受邀于五磊寺主持，后因与寺主意见有分歧而离去。秋，广洽法师函邀大师赴厦门。在金山寺作《清凉歌》。

1932 年　民国二十一年（壬申）53 岁

春、夏、秋三季，云游浙东沿海各地。冬，去厦门挂单万寿岩，与性常法师结缘，并自此定居。讲《人生之最后》于妙释寺。

1933 年　民国二十二年（癸酉）54 岁

暮春，驻锡开元寺尊胜院，著作律学。暮秋，在泉州郊游，偶见晚唐诗人韩偓的墓道，引为神交，后令弟子高文显撰《韩偓传》，为《香奁集》翻案。在开元寺圈点《南山钞记》，在承天寺讲《常随佛学》。

1935 年　民国二十四年（甲戌）56 岁

元旦，在泉州草庵讲《含注戒本》。正月讲《祭颛愚大师爪发衣钵塔文》《德林座右铭》。春，应南普陀寺住持常惺、退居会泉二法师的邀请，前往整顿闽南佛学院。见学僧纪律松弛，认定机缘未熟，倡办佛教养正院。冬，染病，回泉州草庵寺养病，病中再立遗嘱，交由传贯法师执行。

1937 年　民国二十六年（丁丑）58 岁

初春，在南普陀寺佛教养正院，讲《南闽十年之梦影》。秋回厦门，途经上海，与夏丏尊会面，阔别六年后终再相见。回厦门后，厦门陷入战火，大师发愿与危城共存亡。

1939 年　民国二十八年（己卯）60 岁

春，去永春山中蓬壶乡普济顶寺闭关静修，在此潜心编著律学，与外界隔绝，以至于外界传说弘一大师圆寂于此。初夏，画家徐悲鸿在新加坡为大师绘画巨幅油画像。秋，澳门《觉音》月刊和上海《佛学》半月刊均出版《弘一法师六秩纪念专刊》。

1940 年　民国二十九年（庚辰）61 岁

农历九月二十日，在山中渡六十周甲世寿。后去南安洪濑灵应寺闭关，性常、广洽法师等影印《金刚经》，丰子恺绘《护生画集续集》为大师祝寿。

1941 年　民国三十年（辛巳）62 岁

离灵应寺去晋江檀林乡福林寺结夏，给各地师友寄信，暗示行将告别。

1942 年　民国三十一年（壬午）63 岁

春，回泉州，挂锡百原寺，不久移居温陵养老院停止一切活动。秋，在温陵养老院，讲《八大人觉经》(这是弘一大师最后一次讲经)，同时在养老院向院中老人讲《净土法要》。10 月 2 日下午身体发热，病情转危。10 月 10 日下午写下绝笔“悲欣交集”四字交妙莲法师。13 日晚 7 时 45 分呼吸少促，晚 8 时安详西逝，圆寂于温陵养老院。

圆寂 7 天后在承天寺火化。在 100 日内，由骨灰中拣出各色舍利约 1800 粒，舍利块 600 余块。这些均由妙莲法师供养，直到“文化大革命”期间被毁。大师灵骨塔于 1946 年以后分建于杭州虎跑寺、泉州清源山弥陀岩。